rororo

Gerhard Henschel, geboren 1962, ist freier Schriftsteller. Zahlreiche Veröffentlichungen. Zuletzt erschienen: «Die Liebenden», Hamburg 2002; «Die wirrsten Grafiken der Welt», Hamburg 2003; «Kindheitsroman», Hamburg 2004; «Der dreizehnte Beatle», Hamburg 2005; «Danksagung», Göttingen 2005.

Gerhard Henschel

Gossenreport

Betriebsgeheimnisse der Bild-Zeitung

Mit einem Gastbeitrag von
Hermann L. Gremliza

Rowohlt Taschenbuch Verlag

Veröffentlicht im Rowohlt Taschenbuch Verlag,
Reinbek bei Hamburg, April 2008

Umschlaggestaltung ZERO Werbeagentur,
München (Illustration: Rudi Hurzlmeier)
Satz Minion PostScript, InDesign,
bei KCS GmbH, Buchholz bei Hamburg
Druck und Bindung CPI – Clausen & Bosse, Leck
Printed in Germany
ISBN 978 3 499 62318 9

Man kann keine Zeitung – einerlei von welchem Tage oder Monat oder Jahre sie sei – durchblättern, ohne in jeder Zeile die Zeichen der erschrecklichsten menschlichen Perversität zu finden – direkt neben den überraschendsten Großsprechereien von Rechtschaffenheit, von Güte, von Nächstenliebe und den unverschämtesten Versicherungen bezüglich des Fortschrittes und der Zivilisation.

Jede Zeitung, von der ersten bis zur letzten Zeile, ist nichts als ein Gewebe von Schrecken, Krieg, Verbrechen, Diebstählen, Schamlosigkeiten, Martern, Verbrechen der Fürsten, Verbrechen der Nationen, Verbrechen der Einzelnen: ein Rausch von allgemeiner Scheußlichkeit.

Und mit diesem ekelhaften Aperitiv begleitet der zivilisierte Mensch tagaus tagein seinen Morgenimbiß. Alles in dieser Welt schwitzt das Verbrechen aus: die Zeitung, die Mauerwand und das Gesicht des Menschen.

Ich begreife nicht, wie eine reine Hand eine Zeitung anrühren kann, ohne vor Ekel zu zucken.

Charles Baudelaire

Wenn jemand Geld verdienen will, so mag er Cotton fabrizieren oder Tuche, oder auf der Börse spielen. Aber daß man um schnöden Gewinstes willen alle Brunnen des Volksgeistes vergifte und dem Volke den geistigen Tod täglich aus tausend Röhren kredenze, – es ist das höchste Verbrechen, das ich fassen kann!

Wilhelm Liebknecht

Goethe würde heute für *Bild* schreiben.

Peter Bachér

Vorwort zur Taschenbuchausgabe

Bild sei «die faszinierendste Zeitung des Kontinents», hat ihr Herausgeber und Chefredakteur Kai Diekmann in einem Interview mit der *Weltwoche* gesagt. Es wird sein Geheimnis bleiben, ob ihm dabei auch jene Leser durch den Sinn gegangen sind, die infolge faszinierender *Bild*-Reportagen über ihr Privatleben Selbstmord begangen haben.

Leichen pflasterten den Weg der *Bild*-Zeitung an die Spitze des europäischen Radaujournalismus schon viele Jahre vor Diekmanns Amtsantritt in der Chefetage. «Der Mädchen-Mörder: So habe ich sie abgeknallt», lautete am 11. März 1967 die Schlagzeile auf Seite 1, und die damals von Peter Boenisch geleitete Redaktion veröffentlichte bedenkenlos auch Leserbriefe von Absendern, die inhaftierten Gewaltverbrechern «den Folterkeller» wünschten. Von der genüßlichen Beschäftigung mit Sex, Gewalt und Tod zeugen bereits uralte *Bild*-Ausgaben, die in Bibliotheken vergilben und der Öffentlichkeit nicht so leicht zugänglich sind wie die jeweils neueste Nummer am Kiosk und der erstklassige, sorgfältig geführte Sündenkatalog, den Christoph Schultheis und Stefan Niggemeier unter der Adresse www.bildblog.de eingerichtet haben. Seit 2004 wird dort praktisch im Minutentakt alles verzeichnet, geprüft, korrigiert und für die Ewigkeit aufbewahrt, was *Bild* sich an Dummheiten, Gemeinheiten, skrupellos ausgestoßenem Sexualaffärengezeter, Geschichtsklitterung, heuchlerischem Moralbrimborium und groben Fahrlässigkeiten zuschulden kommen läßt – eine Sisyphusarbeit, auf deren Resultate viele heute noch ungeborene Historiker zurückgreifen werden, wenn sie den skandalösen Zustand der in Deutschland zu Beginn des 21. Jahrhunderts mit Einverständnis der Bundesregierung herrschenden Medienethik ergründen möchten. Schultheis, Niggemeier und ihren zahllosen Mitarbeitern und Zuträgern sei Dank! Es ist ein Segen, daß sich ihr Blog etabliert hat.

Die Redaktion des evangelischen Wochenjournals *idea Spektrum* lud mich im Frühjahr 2007 dazu ein, Stellung zu der Frage zu nehmen, ob ein Christ für *Bild* schreiben dürfe. In meiner Antwort wies ich, ohne jemandem Vorschriften machen zu wollen, auf den Widerspruch zwischen dem Gebot christlicher Nächstenliebe und der Kollaboration mit jener Zeitung hin, die über Leichen gehe und im übrigen der Arsch- und Tittenpresse zuzurechnen sei. Die Gegenposition vertrat Margot Käßmann, *Bild*-Kolumnistin und Landesbischöfin der Evangelisch-lutherischen Landeskirche Hannover: «Ich denke, wir sollten als Christen *Bild* kritisch begleiten.» Aber wohin? Und wozu? Und hätte die Landesbischöfin, um noch mehr Christen zu erreichen, auch eine Kolumne in der Zeitschrift *Super-Möpse* übernommen? Dachte sie, Christen sollten auch *Super-Möpse* kritisch begleiten? Vermutlich nicht. Aber für die auflagenstärkere und nicht weniger schmuddelige *Bild*-Zeitung stand Margot Käßmann mit ihrem guten Namen und ihrer Amtswürde ein.

Erbittert reagierte Edgar S. Hasse, seines Zeichens Vorstandsmitglied im Christlichen Medienverbund KEP und Redakteur der *Welt* sowie der *Welt am Sonntag*, also ein Angestellter jener Verlegerin, die ihren Lebensunterhalt u. a. mit Heiner Lauterbachs Bordellgeschichten bestreitet. In einem Leserbrief beschuldigte Hasse die Redaktion von *idea Spektrum*, daß sie mit der Veröffentlichung meiner Stellungnahme «die Grenzen publizistischer Verantwortung überschritten» habe: «Einem Autor offenbar unredigiert Platz zu bieten, der sich selbst der Gossensprache bedient (die Aufzählung der entsprechenden Worte möchte ich mir hier ersparen), verstößt nicht nur gegen das christliche Menschenbild, sondern auch gegen journalistische Standards, die in der evangelikalen Publizistik gelten.»

Ist das nicht süß? Ein Redakteur, der bei derselben Arbeitgeberin in Lohn und Brot steht wie Kai Diekmann, beruft sich auf das christliche Menschenbild und auf journalistische Standards, die seinem eigenen Verlagshaus keinen Pfifferling wert sind, wenn es darum geht, von Fehlgeburten, Seitensprüngen und Erbrochenem zu profitieren, aber die Erörterung dieses Widerspruchs ist nach Ansicht von Edgar S. Hasse innerhalb der Grenzen publizistischer Verantwortung nicht möglich, und er verbittet es sich, in der evangelikalen Publizistik etwas Kritisches über das Gewerbe seiner Verlegerin lesen zu müssen.

Edgar S. Hasse: Man darf gespannt sein, wie weit es dieser wackere Christ noch bringen wird in der Hierarchie des Konzerns, dem er dient. Als Titelmiezentexter kommt er leider Gottes nicht in Frage. Das ist bedauerlich, denn es wäre doch reizvoll, auf der ersten Seite der *Bild*-Zeitung neben einem weiblichen Nackedei die Worte zu lesen: «Einem Mädchen offenbar unredigiert Platz zu bieten, das sich selbst der Körpersprache bedient (die Aufzählung der entsprechenden Körperteile möchte ich mir hier ersparen), verstößt nicht nur gegen das christliche Menschenbild, sondern auch gegen journalistische Standards, die in der evangelikalen Publizistik gelten.»

In einem großen Aufsatz, dessen deutsche Übersetzung am 23. Juni 2007 in der *Süddeutschen Zeitung* erschien, beklagte der Schriftsteller Mario Vargas Llosa die Obszönität der *Yellow Press* und der von ihr längst infizierten seriösen Presse: «Wenn es heute toleriert wird, daß ein Fotograf die Intimsphäre jeder bekannten Person verletzt, um sie nackt oder beim Liebesakt mit einem Geliebten vorzuführen – wie lange wird es dann noch dauern, bis die Medien ihre gelangweilten Leser oder skandalgierigen Zuschauer dadurch belustigen, daß sie Vergewaltigungen, Folterungen und einen unmittelbar vor der Ausführung befindlichen Mord zeigen?» Vargas Llosa sprach von den «abstoßenden und unmoralischen Praktiken des Kloakenjournalismus», und er räumte ein, daß dieser «auch in der Vergangenheit immer existiert hat: ein exkrementaler Journalismus, der in all seinen Erscheinungsformen die üble Nachrede und die Sittenlosigkeit ausbeutete. Aber dieser pflegte früher ein Randdasein zu fristen – von den herrschenden Werten und von der herrschenden Kultur in einer Art Halbklandestinität gehalten.» Mittlerweile habe «diese Art von Journalismus das Stadtrecht errungen». Und dabei hatte Vargas Llosa wahrscheinlich noch gar nichts von Kai Diekmanns jüngster Bibel-Edition und der Mittäterschaft des amtierenden Papstes vernommen.

Der Zufall fügte es, daß sich der Schauspieler Bruce Willis in der gleichen Ausgabe der Zeitung in einem Interview über die Klatschpresse äußerte: «Und seit es YouTube gibt, stehe ich, wie einige meiner Berufskollegen, jeden Tag in Unterhosen vor der Weltöffentlichkeit. Ich beklage mich nicht über mein sehr privilegiertes Leben. Aber es ist so: Sobald ich in New York oder Los Angeles auf die Straße gehe, sobald ich im Meer bade, einkaufen gehe, einen Burger esse, oder mit dem Fahrrad durch die Wüste fahre: es wird im Internet zu sehen sein, weil es irgendwer mit einem *fuckin' mobile phone* filmt. Eines Tages wird man Wege finden, mich zu filmen, während ich selbstvergessen auf dem Klo hocke. Ja, ein Mobiltelefon wird sich auf den Weg machen und von unten meine Eier filmen. Ist es das, was uns die Popkultur einst versprach?»

Dem YouTube-Voyeurismus entspricht im printmedialen Gossensegment hierzulande die von *Bild* ins Leben gerufene Institution des «Leser-Reporters», der dafür entlohnt wird, daß er Prominente beim Popeln ertappt. George Orwell hatte sich geirrt. *It's not Big Brother who's watching you (in case you're Bruce Willis or anybody else who's fit to print): It's a little asshole paid by the Yellow Press.*

Und dennoch müssen sich die professionellen Bildbeschaffer keine Sorgen machen: Mit der verantwortungsvollen Aufgabe, rechtzeitig vor Redaktionsschluß das Foto eines minderjährigen Gewaltverbrechensopfers aus dem Hut zu zaubern, würde *Bild* keine Amateure betrauen. In solchen Fällen sind der Sachverstand und das Fingerspitzengefühl von echten Profis immer noch unverzichtbar. Am selben Tag, als Vargas Llosa in der *SZ* den «Kloakenjournalismus» zergliederte, kam *Bild* mit einer Geschichte über «DIE GEISEL DER KILLER-SCHÜLER» heraus. Zwei Siebzehnjährige hatten ein fünfzehnjähriges Mädchen gefesselt, ein Ehepaar mit tödlichen Messerstichen verletzt und das Mädchen dazu gezwungen, mit anzusehen, wie die bereits sterbende Frau mit Fußtritten und weiteren Messerstichen vom Leben zum Tode befördert wurde. Der Gewalt der Geiselnehmer konnte das Mädchen entkommen, nicht aber dem rabiaten Zugriff der *Bild*-Zeitung: Die hatte ein Farbfoto aufgetrieben, das es jedermann ermöglichte, einen tiefen Blick in den Ausschnitt des fünfzehnjährigen Opfers zu werfen.

Wieder und wieder hat der christliche Bibel- und *Bild*-Herausgeber Kai Diekmann unterstrichen, betont und hervorgehoben, daß seine Reporter niemanden behelligten, der sein Privatleben privat lebe. Aber angesichts der halbnackten Brüste eines fünfzehnjährigen Mädchens, das schuldlos in ein blutiges Schwerverbrechen hineingerissen worden war, konnte Diekmann nicht anders: Da mußte er zugreifen und zwölf Millionen *Bild*-Lesern das Brustfleisch einer Minderjährigen darbieten, die mit knapper Not ihrer Ermordung durch zwei Messerstecher entgangen war. Als Geisel war das Mädchen aus seiner von Kai Diekmann, Mathias Döpfner und Friede Springer respektierten Privatsphäre herausgezerrt worden, und infolgedessen durfte es offensichtlich auch jedem pädophilen Zeitungskäufer in *Bild* als Model vor Augen gestellt werden, im reizvollen Dekolleté.

Man begreift es nicht, wie all das angehen mag, wenn man es versäumt hat, Jura zu studieren und ein Leben lang vor *Bild* auf dem Bauche herumzurutschen, so wie Roman Herzog, der es bäuchlings bis hinauf in das höchste Staatsamt brachte, von wo aus er dann dem Axel Springer Verlag zu dessen Verdiensten gratulierte, während Günter Wallraff sich vor Gericht das Recht erstritt, die Redaktion der *Bild*-Zeitung als «professionelle Fälscherwerkstatt» bezeichnen zu dürfen.

Im Juli 2007 entschied der Bundesgerichtshof, daß es kein Ereignis von zeitgeschichtlicher Bedeutung sei, wenn der Torhüter Oliver Kahn in seiner Freizeit mit einer Freundin auf der Strandpromenade von St. Tropez spazierengehe. Im Vertrauen auf den Rechtsstaat hätte man zu diesem Urteil auch ohne Jurastudium gelangen können. Die Unverschämtheit, hohe Richter mit solchem närrischen Sandkastengezänk zu belästigen, können sich die Anwälte der Gossenpresse ohne Rücksicht auf den guten Ruf ihrer Mandanten herausnehmen, denn dieser Ruf beruht allein auf der Auflagenstärke und der daraus resultierenden politischen Macht. Er ist nicht zu erschüttern durch den Schwachsinn der Ausflucht, daß die Medien angesichts von Oliver Kahns Strandspaziergang einer Informationspflicht genügen müßten. Mit der bodenlosen Frechheit der Journaille und ihrer Rechtsvertreter haben sich die allermeisten Richter und Politiker in Deutschland inzwischen so gut arrangiert, daß es köstlich wäre, einen Juso-Chef hervortreten zu sehen, der es riskieren würde, Friede Springer ihr Bundesverdienstkreuz wieder abzuverlangen, wegen des sittenwidrigen Umgangs ihrer Honorarkräfte mit der

Menschenwürde. Aber das wagen sie nicht, die Früchtchen, die in Gerhard Schröders und Klaus Wowereits Bücklingen vor *Bild* die beste Altersvorsorge erkannt haben.

Fehlgeschlagen ist das Projekt des Springer-Verlags, auch in Frankreich ein Gossenblatt zu etablieren. Erfolgreicher sind die Bemühungen auf dem polnischen Zeitungsmarkt verlaufen. Federführend verantwortlich für die Expansion des Konzerns in Polen ist der gelernte Wirtschaftswissenschaftler Florian Fels, der seine Arbeit gut gemacht hat. In einem Gewerbegebiet im Norden Warschaus redigierte er nach mehreren Jahren des Engagements, laut *FAZ* vom 6. August 2007, «zwei der drei größten Tageszeitungen im Land, dazu eines der führenden Nachrichtenmagazine, außerdem die polnischen Versionen von Auto- und Computer-‹Bild› und Frauenzeitschriften. Zudem hat Springer eine Beteiligung an dem großen polnischen Privatsender Polsat S.A. erworben: 25,1 Prozent für 250 Millionen Euro; ein begehrtes Stück Medienmarkt. Zuletzt erfüllte sich Springer den Deutschland bislang unerfüllten Traum einer täglichen Sportzeitung: Mit ‹Przeglad Sportowy› (Sportrundschau) kaufte der Verlag die älteste Zeitung Polens.»

Irgendwelche Sorgen scheinen den Korrespondenten Olaf Sundermeyer, der dies berichtete, angesichts der gigantischen Marktmacht der Firma Springer in Polen nicht beschlichen zu haben. Bei «unangenehmen Fragen», teilte er mit, winde Florian Fels «keine Wortgirlanden, sondern konstatiert knapp: ‹Dazu sage ich nichts.› Fels spricht Springerdeutsch. Springerpolnisch ist ähnlich: knapp, verständlich und volksnah. Auch Springer Polska will nicht Intellektuelle begeistern, sondern mit den vielen einfachen Leuten Geld verdienen» – eine außerordentlich höfliche Umschreibung der Absicht, möglichst vielen einfachen Leuten in Polen mit journalistischen Mitteln das Geld aus der Tasche zu ziehen und ihnen dafür wertlose Datenschrotthaufen anzudrehen.

Ob auch Springer Polska, so wie das deutsche Mutterblatt *Bild*, im Annonceteil telefonische «Bumskontakte» vermittelt, ist ungewiß. Als freier *Bild*-Mitarbeiter hat selbst Benedikt XVI. noch nichts dazu gesagt.

Im Jahr 2001 untersuchte der Jurist Gerald Neben die «Triviale Personenberichterstattung als Rechtsproblem» und führte aus, daß sich der Blick auf deren üble Effekte «als kurzsichtig» erweise, denn diese Berichterstattung erfülle «wichtige gesellschaftliche Funktionen». Gemeint war damit die seelisch angeblich heilsame und entlastende, der Wohlfahrt der Nation und ihrem Zusammengehörigkeitsgefühl förderliche Wirkung des multimedial betriebenen Gequatsches über die Seitensprünge von Fernsehprominenten. Diesem albernen Standpunkt begegnet man inzwischen also auch in der Fachliteratur und nicht mehr nur in Reportagen über Skandalprozesse, in denen hochbezahlte Winkeladvokaten das schmutzige Handwerk der Schlüssellochspionage als sittlich gebotenen Service am Volkskörper schönzureden versuchen: Lieschen Müller, so lautet die Ausrede, benötige nun einmal gewisse Orientierungspunkte im Leben und es sei aller Ehren wert, wenn die Presse hier mit Hintergrundberichten aus dem Hosenstall berühmter Sportler einspringe oder mit der Auskunft diene, daß ein Angehöriger des europäischen Hochadels beim Wasserlassen beobachtet worden sei. Noch weniger als die Richter, die sich solchen Unsinn geduldig anhören müssen, sind die Jurastudenten zu beneiden, denen er als plausible und erwägenswerte Gedankenfolge vorgestellt wird.

Um Ausgewogenheit bei der Berücksichtigung vernünftiger und absurder Argumente war auch der Medienethiker

Klaus Müßigbrodt in seiner 2006 veröffentlichten Studie «Journalismus und der Schutz des Privaten» bemüht. «Wenn nun Prominente von Paparazzi wie Tiere gejagt werden oder auf Privatgrundstücken ohne ihr Wissen aus kilometerlangen Entfernungen mit starken Teleobjektiven regelrecht ‹abgeschossen› werden, dann stellt sich schon die Frage, ob die Jäger in ihrem Jagdobjekt einen Menschen oder nur so etwas wie den Yeti oder das Ungeheuer von Loch Ness sehen, dessen Wert daran bemessen wird, wie viel Geld man mit Fotos von ihm verdienen kann», schrieb Müßigbrodt.

Die Antwort, um die er sich bis zur letzten Seite herumdrückte, lag für jeden Zeitungsleser auf der Hand: Ja, selbstverständlich betrachten Paparazzi ihre Jagdobjekte als Jagdobjekte und nicht als «Menschen» im Sinne der Schlußresolution des jeweils letzten evangelischen oder katholischen Kirchentags. «Im Grundsatz», schlußfolgerte der Autor nach eingehender Würdigung aller großen und kleinen Affären der letzten Jahre, müsse es «den Akteuren selbst überlassen bleiben, ob sie freiwillig Privates der Öffentlichkeit zeigen wollen oder nicht. Wer allerdings sein Privatleben dazu benutzt, ein positives Bild von sich zu zeichnen, der darf sich hinterher auch nicht beschweren, wenn die Presse auch die etwas düsteren Seiten aufzeigt.»

Damit schwenkte Müßigbrodt auf die Argumentationslinie des Hauses Springer ein, das sich zugute hält, nie etwas anderes als das Privatleben publicitygeiler Saubermänner kritisch durchleuchtet zu haben. Natascha Kampuschs Erlebnisse mit der *Bild*-Zeitung scheinen auf einem ganz anderen Blatt zu stehen, das Friede Springer nicht verlegt und Medienethiker gar nicht oder nur oberflächlich zu lesen pflegen.

1964 erwähnte ein bürgerlicher Kritiker der *Bild*-Sprache, Joachim Stave, daß er sich gegenüber seinem Zeitungshändler für den Kauf der *Bild*-Zeitung entschuldigt habe. Darüber mokierte sich acht Jahre später ein Marxist, der die Mechanismen und Auswirkungen der Massenpresse sehr viel besser durchschaut zu haben glaubte: «Die Position der konservativen Sprachkritik», schrieb er, könne «nicht deutlicher markiert werden» als durch Staves Distanzierung vom Objekt seiner Studien – «der Wissenschaftler steigt hinab in die Sprachgosse und hebt ein paar beschmutzte Sprachfetzen auf. Stave kritisierte die *Bild*-Sprache aus der elitären Position eines Mahners, der die ‹Werte› der bürgerlichen Gesellschaft verschleudert und zertrampelt sieht» (Jürgen Alberts, *Massenpresse als Ideologiefabrik. Am Beispiel «BILD»*, Frankfurt/M. 1972, S. 32).

Seither ist einiges geschehen: Das Bildungsbürgertum, dem der Schmutz in der Sprachgosse anstößig erschienen war, hat sich in Wohlgefallen aufgelöst, während Jürgen Alberts als Verfasser heiterer Krimi-Kost hervorgetreten ist (u. a. mit den Titeln «Arsen und Kartöffelchen», «Cappuccino zu dritt» und «Tod eines Sesselfurzers»), und seine ideologiekritischen Genossen sind größtenteils verstummt, sofern sie nicht beim Bundespresseball das Tanzbein schwingen.

Die von Jürgen Alberts einst nur mit der Kneifzange der Gänsefüßchen angefaßten «Werte» der bürgerlichen Gesellschaft sind unterdessen vom Leitmedium *Bild* und dessen Print-, TV- und Internet-Trabanten immer fröhlicher zersetzt worden. Konrad Adenauer hatte zwar auch schon mit der *Bild*-Zeitung poussiert, aber erst Helmut Kohl hat es gewagt, als Ghostwriter seiner Memoiren einen Mann zu engagieren, der sich hauptberuflich mit dem Auslärmen skandalöser Bettgeheimnisse befaßt. Und der erzkonservative Papst Paul VI. hätte sich wahrscheinlich auch nicht gar so beflissen wie seine geschäftstüchtigeren Nachfolger Johannes Paul II.

und Benedikt XVI. an die Seite eines Titelmiezendompteurs aus der Chefetage der *Bild*-Zeitung geschmiegt.

Mehr oder weniger sanft entschlafen ist eines Tages der Widerstand der außerparlamentarischen Opposition, die 1968 die Enteignung Springers forderte. Eine volkseigene, von Rudi Dutschke, Horst Mahler und Rainer Langhans redigierte Ausgabe der *Bild*-Zeitung blieb der Menschheit zum Glück erspart. Wachgeblieben ist nach all diesen Gefechten nur die flüchtige Erinnerung an den Wert, der dem Schutz der Intimsphäre beigemessen worden war, bevor sich die *Bild*-Zeitung darüber hermachte und in ihrem Gefolge mehrere Schwadronen sogenannter People-Journalisten.

«Der Macht des Wortes sind eben Grenzen gesetzt – und ich bin sehr froh darüber», erklärte Axel Springer 1967 in einer Rede vor den Mitgliedern des Hamburger Übersee-Clubs. «Wäre es anders, ich würde diese Verantwortung nicht tragen wollen, nicht tragen können.» Was Springer trug, war die Verantwortung für die Veröffentlichung von Fotos ermordeter Kinder und die detailverliebte Schilderung des jeweiligen Tathergangs in der *Bild*-Zeitung: «Die vierjährige Sylke wurde im Keller der Familie Schmidt zwischen Bierdosen und bergeweise herumliegenden Lumpen geschändet und getötet» (*Bild*, 11. Oktober 1967, S. 1). Aus diesem Jammertal inmitten bergeweise herumliegender Lumpen fand die *Bild*-Zeitung erst im 21. Jahrhundert hinaus und hinein in die schöne neue Welt der kosmetischen Chirurgie mit all ihren Busenvergrößerungen, Penisverlängerungen und unverschämten Ansprüchen auf Schmerzensgeld für angeblich erlittene Qualen.

Zur Macht des Wortes hat sich die nahezu grenzenlose Macht der Bilder gesellt. Am 25. September 2007 veröffentlichte *Bild* das Foto einer sich erbrechenden Frau, der das Mißgeschick widerfahren war, sich vor laufender Kamera in einem Fernsehstudio übergeben zu müssen. Mit Piß- und Kotz-Fotos hatte sich *Bild* auch früher schon beliebt gemacht, und auch aus dem Kommentar zu diesem interessanten Medienereignis geht nur hervor, daß Friede Springer Texter beschäftigt, die begriffen haben, worauf es dieser Trägerin des Großen Bundesverdienstkreuzes ankommt, nämlich auf die Umwandlung von Körpersäften in Bargeld unter Zuhilfenahme höhnischer Kommentare: «Wüürg! Die Moderatorin Eva Nazemson spuckt mit Hochdruck einen Strahl ins Studio», meldete *Bild.* «10 Sekunden später machte sie weiter, sagte: ‹Tut mir leid, ich habe Menstruationsprobleme.›» Es wäre über Kai Diekmanns Kräfte gegangen, den Käufern der

ber 2007 ✶ BILD-BUNDESAUSGABE ✶ Seite 5

Wüürg! Die Moderatorin Eva Nazemson spuckt mit Hochdruck einen Strahl ins Studio

50 000 KR.

17

Das Video zur Story

www.Bild.de

Moderatorin (unter)bricht ihre Sendung

Stockholm – War das Programm so schlecht? Während einer Live-TV-Quizshow musste sich die schwedische Moderatorin Eva Nazemson plötzlich übergeben! Live, in Farbe, vor laufender Kamera. 10 Sekunden später machte sie weiter, sagte: „Tut mir leid. Ich habe Menstruationsprobleme."

***Bild*, 25. September 2007**

Bild-Zeitung die freie Sicht auf das Erbrechen einer Fernsehmoderatorin vorzuenthalten, die ihre Tage hatte. In der ethischen Rangordnung, der sich ein *Bild*-Herausgeber verpflichtet fühlt, übertrifft die Pflicht, Erbrochenes kommerziell auszuwerten und breitzutreten, bei weitem das Schonungsbedürfnis einer menstruierenden Dame, die sich unglücklicherweise einmal öffentlich übergeben hat.

Kai Diekmann hatte hier abermals mit seinem langen Löffel in der Kotze gerührt, wie gewohnt, auf Kosten einer Frau, die keinen Ritter fand, der ihre verletzte Ehre mit dem Schwert wiederhergestellt hätte. Grundsätzlich neu an dieser Reportage war der Hinweis in der *Bild*-Zeitung, daß man «Das Video zur Story» im Internet unter www.Bild.de betrachten könne. Das wird als ewiges Ruhmesblatt des *Bild*-Herausgebers Diekmann, seines Vorgesetzten Döpfner und der Verlegerin Friede Springer jeden Wechselfall der Mediengeschichte überdauern: Sie haben es geschafft, in der Kotze einer Frau herumzupanschen und Kapital daraus schlagen, ohne dem amtierenden Papst seinen guten Appetit auf weitere Kontakte zur Medienhochburg Springer zu verderben.

Dem Papst hat das noch nicht gereicht. Was uns die Zukunft bringen wird, ist nicht auszudenken.

Stellen wir uns einmal ganz dumm. Rufen wir uns den ersten Artikel des Grundgesetzes in Erinnerung: «Die Würde des Menschen ist unantastbar. Sie zu achten und zu schützen ist Verpflichtung aller staatlichen Gewalt.» Das Nähere wird von Bundesgesetzen geregelt, die es Kai Diekmann, dem Herausgeber und Chefredakteur der *Bild*-Zeitung, erstaunlicherweise gestatten, auf der ersten Seite der größten europäischen Tageszeitung die Aussage eines Zeugen in einem Gerichtsverfahren, in dem geklärt werden sollte, ob eine Frau vergewaltigt worden sei oder nicht, in 5,5 Zentimeter hohen Balkenbuchstaben als «Neue SEX-Enthüllung» auszukrähen und eine Schreibkraft fortfahren zu lassen: «Hat Katharina B., das angebliche Vergewaltigungsopfer von TV-Moderator Andreas Türck, schon wenige Tage danach Sex mit einem flüchtigen Bekannten gehabt? Ein neuer Zeuge sagte gestern gegen Katharina B. aus. Was eine Gutachterin über die Psyche der jungen Frau verriet – Seite 4.» Garniert worden waren diese Worte in *Bild* am 26. August 2005 mit Porträtfotos des angeblichen Vergewaltigers und seines angeblichen Opfers, das weiter nichts verbrochen hatte, als nach eigener Aussage vergewaltigt worden zu sein, und dessen Liebesleben, nach menschlichem Ermessen, weder den Herrn Diekmann noch die Öffentlichkeit etwas angeht.

Wie ist es nun aber möglich, daß *Bild* die grundgesetzlich verbürgte Unantastbarkeit der Menschenwürde eines angeblichen Vergewaltigungsopfers zerstampfen und in dessen Intimsphäre tollhäuslerisch wüten darf, aus dem niederen Beweggrund, finanziell von einem Skandalprozeß um eine angebliche Vergewaltigung zu profitieren? Müßte da nicht der zur Achtung und zum Schutz der Menschenwürde verpflichtete Staat gewaltsam einschreiten und dem Herrn Diekmann einmal ganz deutlich zu verstehen geben, daß es so nicht geht? Und daß auch andere Riesenschlagzeilen, die er ethisch und presserechtlich verantworten zu können glaubt («Er braucht 6 Minuten, um eine Frau aufzureißen – Die Sex-Akte Türck», «SEX-AKTE TÜRCK – Wird er böse, wenn Frauen nicht wollen?», «Kniete sie vor ihm nieder und befriedigte ihn?») ein grundgesetzlich geschütztes Gut tangieren?

Wer so dumm fragt, der kann nicht ahnen, dass die höchsten Staatsorgane, statt das Äußerste zum Schutz ihrer heiligsten Güter zu unternehmen, mit Herrn Diekmann und seinem Redaktionsstab fröhlich zu Tische sitzen. Kai Diekmann ist ein Zögling des Altbundeskanzlers Dr. Helmut Kohl, und auch Gerhard Schröder hat eingestanden, daß er zum Regieren im Grunde nur *Bild* und *BamS* und «Glotze» brauche. Vor *Bild* kuscht der gesamte Bundestag, und kein konservativer Landesvater schrickt davor zurück, in *Bild* zwischen einem blutigen, auf der Titelseite angerichteten Drama, das sich im Genitalbereich eines Sportlers abgespielt hat, und einem Kleinanzeigenteil, in welchem eine «Rasierte Transe mit XXL-Brüsten» ihre Telefonnummer anzeigt, das Wort zu ergreifen.

Bild, 12. September 2005, Seite 1: «Penis-Riß – Blutiges Drama um Bundesliga-Star». Auf Seite 2 appelliert der niedersächsische Ministerpräsident Wulff an die Bundesbürger, Angela Merkel zu wählen. Gegenüber, auf Seite 3, wird unmittelbar neben einer Zeichnung, die den Leichnam eines in Hamburg verhungerten Kindes präsentiert, ein «Sex-Witz» zum Besten gegeben. Auf Seite 5 erfährt man Näheres über das «Überluder Katie Price», genannt «Busen-Katie» («Für die Hochzeitsnacht ließ sich der Göttergatte den Intimbereich enthaaren»). Auf Seite 14 bieten «scharfe Teeny-Gören» ihre

Dienste an («Sofort Vollgas mit Orgasmusgarantie»), und auf der letzten Seite plaudert ein Bonvivant aus dem Nähkästchen seiner Lebensregeln: «Vergessen Sie das Gestern! Schmeißen Sie den Rucksack des Bereuens in den Müll!»

Ja, schämt er sich denn nicht, der Christian Wulff, der doch einer dem Christentum buchstäblich und programmatisch verpflichteten Partei angehört, in Europas größter und übelster Sexualklatschkloake das Wort zu ergreifen? Zwischen der Sensationsnachricht von einem «Penis-Riß» und dem gierig ausgekosteten Hungertod eines Mädchens? Graust es diesen sittlich sonst doch sicherlich gefestigten Ministerpräsidenten nicht davor, das Wahlvolk aus einer Totengruft anzusprechen, die vom Krakeelen über die Seitensprünge dusseliger Schlagersänger widerhallt und im Kleinanzeigenteil «heißen Oma-Sex» per Telefongespräch mit Greisinnen offeriert? «Gerda (83) ist immer noch triebig», heißt es da, und das sei ihr von Herzen gegönnt; aber was treibt einen hohen Repräsentanten der Staatsgewalt in die Gesellschaft dieser immer noch triebigen Gerda (83) und jener plaudersüchtigen Bettwanze, die den Unterleib des «Göttergatten» einer «Busen-Katie» befallen hat und dort zu einem ordinären Sittenstrolch gediehen ist, der *Bild* einen Exklusivbericht aus den Schamteilen eines Bräutigams verscherbelt?

Der Naivling, dem solche Fragen einfielen, müsste darüber belehrt werden, daß in Deutschland eben auch christdemokratische Ministerpräsidenten an der ungeheuren Macht schmarotzen wollen, die *Bild* im geistigen Lumpenproletariat mit Reportagen aus den Unterhosen prominenter Zeitgenossen erwirtschaftet hat. Und daß es selbst Reaktionären wie dem – versteht sich – *BamS*-Kolumnisten Peter Hahne, die unsere «Spaßgesellschaft» geistig und moralisch erneuern und aufrüsten möchten, herzlich egal ist, wie pietätlos *Bild* mit dem Leichnam eines verhungerten Kindes umspringt und mit welcher Gehässigkeit *Bild* das Ansehen einer jungen

Schauspielerin in der Stunde ihres ersten großen internationalen Triumphs durch das Auspetzen ihrer Vergangenheit als Aktrice in einer Handvoll pornographischer Filme zu zerstören versucht hat.

Nachdem eine Jury die Schauspielerin für ihre eindringliche Darstellungskunst gelobt hatte, veröffentlichte *Bild* ein Foto, das die Schauspielerin beim Geschlechtsverkehr a tergo zeigte, und versah es mit der höhnischen Unterzeile: «Eindringliche Darstellung». Das war der Herrenwitz, den Kai Diekmann auf Kosten einer Künstlerin riss, zum Gaudium jener 3,76 Millionen Witzbolde, die werktäglich 50 Cent für die von *Bild* gewährte gute Aussicht auf Rufschädigungen und entblößte Hinterteile bezahlen. Nach Aussage der Schauspielerin versuchte *Bild* danach ein Interview von ihr zu erpressen, mit der Drohung, sonst eben ihre türkischen Eltern zu belästigen. Und so geschah's: Die Schauspielerin weigerte sich, mit ihren Häschern zu sprechen, die Häscher holten den Vater ans Telefon, und der schockierte Immigrant verstieß seine Tochter: ein kleines Damenopfer für die Pressefreiheit. Und Kai Diekmann sah, daß es gut für die Auflage war.

Einträglicher und vergnüglicher als das Beschmieren einer einzelnen Toilettenwand mit Zoten ist die millionenfache Reproduktion der beschmierten Toilettenwand, und am lustigsten muß es sein, die publizierten Zoten mit Moralschnörkeln zu verzieren. Als sich der Freispruch des Fernsehmoderators Türck abzeichnete, heuchelte *Bild* Entrüstung über «eine Justiz, die diesen Prozeß zuließ und vier Wochen lang ein schmutziges Gerichtsspektakel inszenierte», während *Bild* die Inszenierung zuvor als noch viel schmutzigeres Zeitungsspektakel übernommen hatte, um ein sehr großes Geschäft damit zu verrichten. Über Katharina B. schrieb *Bild*, sie habe «wenigstens verdient, daß man nicht noch mal in den Wunden ihrer Seele bohrt». Doch schon tags darauf konnte *Bild* frohlockend von einem anderen Tatort berichten: «Der Sexprozeß gegen TV-Star Willi Thomczyk (51, ‹Die Camper›) – von Tag zu Tag wird's schmutziger ...»

Am schmutzigsten geworden war es, bis auf weiteres, im April 2005, als der Papst, man staune, eine *Bild*-Delegation im Vatikan empfangen und ihr Anführer, der täglich zahllose «Bumskontakte» vermittelt, dem Heiligen Vater ein Exemplar der «Volksbibel» von *Bild* überreicht und scheinheilig erklärt hatte: «Mit über zwölf Millionen Lesern täglich ist uns auch die Verbreitung der christlichen Glaubensbotschaft ein ernstes Anliegen.» Ein denkwürdiges Ereignis: Der Stellvertreter Gottes auf Erden hat dem Herausgeber und Chefredakteur der *Bild*-Zeitung eine Audienz gewährt – einer Kreatur, in deren täglicher Telefonsex-Kontaktbörse unersättliche Lustluder, dicke Girls, total versaute Strohwitwen und naturgeile Nymphen tabulosen Männern extrem perversen Spontansex im Auto versprechen, nebst einer strengen Erziehung, die aber wohl nur in den allerperversesten Ausnahmefällen die

***Bild*, 23. November 2005**

stimulierende Belehrung der Kunden über die im Katechismus der katholischen Kirche festgeschriebenen Anstandsregeln einschließen dürfte.

Nach der Eroberung Roms in einem Feldzug, dessen durchtriebene Planung und souveräne Ausführung selbst die grimmigsten Gegner der Pressemafia als echte, vormals unerreichte Spitzenleistungen des Medienkriegshauptquartiers der Doppelmoralisten würdigen müssen, hat Kai Diekmann die christliche Glaubensbotschaft, die ihm ein ernstes Anliegen ist, dahingehend verbreitet, daß er zwölf Millionen Bewohnern des christlichen Abendlandes beide Backen eines mutmaßlichen Kindermörders hinhielt und den Mann so oft als «fette Bestie» titulierte, bis sich mutmaßlich noch in der Brust des letzten gottvollen Christen, der sonst keiner Fliege etwas zuleide tun mochte, die Mordlust regte.

Diese wiederum hat Kai Diekmann in seiner interessanten Zeitung mit einem Foto gehenkter «Kinderschänder» befriedigt, denen im Iran der Prozeß gemacht worden war. Es könnte sich zwar auch so verhalten, daß über die Gehenkten allein deshalb das Todesurteil verhängt worden war, weil sie im Iran, wo natürliche Regungen mit der Todesstrafe bewehrt sind, als Homosexuelle auf die Welt gekommen waren. Man weiß es nicht. Man kann sich vielleicht, auch mit einer geringen Begabung zur Phantasie, in groben Zügen ausmalen, wie iranische Sittenrichter mit Schwulen verfahren. Aber nur ein Genie der Niedertracht und der Gewissenlosigkeit konnte auf den Gedanken verfallen, den Schnappschuß am Galgen baumelnder Todesopfer einer bestialischen Sexualjustiz herzunehmen und damit in einem von zwölf Millionen blutrünstigen Lesern umlagerten unstillen Örtchen sensationelle Wirkungen zu erzielen. Und danach zur Front der «brutalen Scheidungsschlacht» des nächstbesten Schlagerstars aufzubrechen, der bereit war, sich als Interviewpartner zu prostituieren, damit Kai Diekmann ihn wieder einmal überm

***Bild*, 8. Februar 2006**

Knick auf der ersten Seite mit nacktem Oberkörper und einer Schlagzeile unterbrachte: «UDO JÜRGENS – Frau weg!» Denn so wäscht hier eine Hand die andere mit «Preßjauche» (Karl Kraus).

Wo ist es hin, das stolze Bildungsbürgertum, das sich die Hand lieber abgehackt hätte, als sie einer Journaille zu reichen, die aus einem «6-Meter-Sturz beim Pinkeln» eine Schlagzeile fabriziert und über den Tod einer lebendig verbrannten spanischen Obdachlosen witzelt, hier sei eine «Oma» versehentlich «gegrillt» worden? Und einer Anzeigenredaktion, die die christliche Glaubensbotschaft verbreitet, daß «perverse Hobbyschlampen» eine «Abspritzgarantie» zu bieten hätten? Wie ist es möglich, daß ein christlicher Ministerpräsident auf die verwegene Idee verfällt, sich in einem solchen Schweinestall den Wählern vorzustellen? Nichts gegen Orgien, solange kein *Bild*-Reporter sie durch eine Reportage darüber entweiht. Aber allein zur Strafe für die mittlerweile zigmillionenfache Drucklegung der wahrlich säuischen, dem Eros ins Antlitz gespuckten Vokabel «Abspritzgarantie» sollte ein Kulturvolk den Sittenverderber Kai Diekmann und alle seine Bauchredner ächten.

Wer sich dagegen sträubt, in einem seriösen Forum über die Minderwertigkeit eines Skandalblatts aufgeklärt zu werden, die ja von zivilisierten Menschen nie bestritten worden ist, der sollte es doch auch als Zumutung empfinden, von Politikern regiert zu werden, die vor der Majestät dieser Unmoraltrompete niederknien, indem sie ihr Interviews geben und Kolumnen in ihr veröffentlichen, zwischen den Wäscheleinen, an denen Kai Diekmann die Slips und die Bettlaken prominenter Schlagersänger und angeblicher Vergewaltigungsopfer lüftet, zur Belustigung eines Pöbels, der mit Bettgeschichten aus dem höheren und niederen Adel der Fernsehprominenten unterhalten zu werden wünscht. Ginge es mit rechten Dingen zu, könnte Kai Diekmann seine unbestreitbare Eignung zum Sexualdenunzianten allenfalls als Klatschmaul in Hamburger Hafenkneipen unter Beweis stellen, und er wäre weder Chefredakteur noch Herausgeber einer sittenverwildernden Millionenzeitung, die sich damit brüstet, konservativ zu sein, sondern nur ein armseliger Knilch, der sich etwas darauf einbilden dürfte, unter Udo Jürgens' Bettdecke Bescheid zu wissen.

In seiner gegenwärtigen Inkarnation ist Kai Diekmann jedoch einerseits der Anzeigenzuhälter für eine «Ordinäre Olle mit dicken Dingern» und eine «Versaute Türkin, zu allem bereit», aber andererseits auch einer, dessen Korrespondenten

Zugang zum Bundeskanzleramt haben, nach Washington und Moskau mitfliegen dürfen und beim Bundespresseball eine flotte Sohle aufs Parkett legen, als Vertreter einer Bagage, die das Krankenlager einer ins künstliche Koma versetzten Siebenjährigen fotografisch ausstellt und daneben eine «Wellness-Kosmetikerin aus Dresden» mit den Worten zitiert, daß sie «gern mal im sexy Kleid ohne Höschen zur Party» gehe.

Wenn Antje Vollmers Zivilgesellschaft ihre höchsten Feiertage begeht, bleibt ein Herausgeber, der die Schlagzeile «Beziehungskrach wegen Bettwäsche» herausgegeben und aus professioneller Neugier mit Vorliebe als ungebetener Gast in anderer Leute Schlafzimmer sein grauses Haupt erhoben, die Laken zerwühlt und jeden ruchbar gewordenen Seitensprung eines Bezirksligaprominenten weitergetratscht hat, leider nicht draußen, obwohl er doch als Unberührbarer verrufen sein müßte, als Sexualspion, der von Menschen, die auf Sitte und Anstand bedacht sind, nicht einmal mit der Kneifzange angefaßt würde, und er sollte sich am Feierabend, in der stillen Hoffnung, nicht erkannt zu werden, mit hochgeschlagenem Mantelkragen und eingezogenem Schweif aus dem Schlüsselloch einer Wellness-Kosmetikerin in einen noch dunkleren Unterschlupf schleichen und sich freuen, wenn er unterwegs nicht geohrfeigt und auf Schritt und Tritt von erniedrigten und beleidigten Bürgern zum Duell herausgefordert wird.

Aber nein, so ist es nicht. Kai Diekmann, ein Subjekt, das aus den Schamhaaren von Göttergatten Korrespondentenberichte entgegennimmt, ist ein geschätzter und gefragter Mann, der sich und aller Welt seine Adresse im Rinnstein («Schumi exklusiv – Ich bin immer noch geil auf Siege!») als «Boulevard» schöngeredet hat. Patricia Riekel, die Chefin des unsäglichen Käseblatts *Bunte*, hat ihrem Kompagnon Diekmann beigepflichtet: Die Berichterstattung über die Seitensprünge von Prinzen, Prinzessinnen und Schlagerwürstchen sei nun einmal «People-Journalismus». Wieder andere sagen «Pop» dazu und erbauen sich an ihrer zynischen Unterscheidungskunst.

Es ist aber weder Boulevard noch Pop und schon gar keine ehrwürdige «Barrikade der Straße» (Kai Diekmann), sondern die Regierungserklärung einer Klosettmoral, wenn *Bild* die vor Gericht vergossenen Tränen eines angeblichen Vergewaltigungsopfers oder der Gattin eines Botschafters, die eine Fehlgeburt erlitten hat, auf Seite 1 ediert und sich daran hochzieht. *Bild* ist nicht Pop, sondern Gosse. *Bild* ist das Sexualorgan, das zwölf Millionen impotente kleine Männer von der Straße als ihr eigenes empfinden, und sei es nur zur Befriedigung des Durstes nach Rache an den Reichen und Schönen, die sich durch Reichtum und Schönheit an den sittlichen Idealen eines immer noch kaufkräftigen Mobs versündigt haben. Wie bitte? Ein TV-Moderator hat sich sexuell befriedigen lassen? Auf einer Mainbrücke? In *Bild* muß er schlimmer dafür bluten als vor Gericht.

Die letzte Seite ist in *Bild* den Neuigkeiten aus der High Society reserviert. Unter der Überschrift «Lustgreis auf Luder-Pirsch» berichtete *Bild* dort am 5. September 2005: «Das komplette Igitti-bäh-Kontrastprogramm: Der Auftritt von Tinto Brass (72, ‹Caligula›), Altmeister des italienischen Softpornos, bei den altehrwürdigen Filmfestspielen in Venedig. Lustgreisenhaft lupfte er das Kleid der russischen Schauspielerin Anna Jimskaia (25). Fummelte ihr grinsend am drallen Allerwertesten. Beäugte sie intensivst von vorne (ohne verhüllendes Stöffchen). Peinlich, peinlich!» Bebildert worden war der Kurzbericht mit einem Schnappschuß des Vorgangs und ergänzt durch die Bildunterschrift: «Hoch das Röckchen! Tinto Brass begrabbelt Darstellerin Anna Jimskaia von hinten.»

In solchen Formulierungen offenbart ein geistiger und moralischer Kretinismus seine Zwergengestalt, die jetzt publizistisch einen Kontinent beherrscht. Das ist der elende Jargon, in dem *Bild* auch gerne Frauenbrüste als «Hupen» oder «Schaumglocken» anspricht. In dieser Disziplin ist *Bild*, wie Kai Diekmann einräumt, «journalistischer Schrittmacher und Marktführer», und hier hat *Bild* zweifellos «die Meinungs- und Nachrichtenführerschaft» inne, nämlich in der Dosenbierpfütze, die uns die Bundeswehrsoldateska am Wochenende im Zugabteil zu hinterlassen pflegt.

In dieser zum Himmel stinkenden Pfütze ist Kai Diekmann Kapitän, Matthias Döpfner Großadmiral und Friede Springer Bademeisterin ehrenhalber. Hier dürfen sie einmal werktäglich Menschen kielholen, Genitalien mit Spuckebatzen aus Druckerschwärze bespeien und die Schlagzeilenpeitsche über Unterhosen schwingen. Im Miasma dieser Waschküchengülle, die ihr natürliches Biotop ist, dürfen Kai Diekmann, seine Untergebenen und seine Vorgesetzten sich an dem ozeanischen Gefühl der Macht über den Leumund jedes Menschen ergötzen, der sich einbildet, ein Privatleben führen zu dürfen. Den notgeilen Heimschläfern, die seine Zeitung lesen, hat Kai Diekmann selbst die vor Gericht vergossenen Tränen eines angeblichen Vergewaltigungsopfers auf der Titelseite dekantiert, eingeschenkt und serviert, mit den allerbesten Empfehlungen, die das Haus Springer in Gestalt eines Fotos und einer Riesenschlagzeile auf Seite 1 in *Bild* zu vergeben gehabt hat: «Katharina (29) weinte gestern vor Gericht – So hat Türck mich vergewaltigt».

«Wer sein Privatleben privat lebt, bleibt privat», behauptete Kai Diekmann in einem Interview mit der FAZ, nachdem er das angebliche Vergewaltigungsopfer Katharina B. gossentechnisch abgefrühstückt und ausgesaugt und aus der «Sex-Akte Türck» den letzten auflagesteigernden Samentropfen herausgelutscht hatte. Und da soll es noch Menschen geben, die Kai Diekmann die Hand reichen und seiner Zeitung ein Interview gewähren?

Aber hallo. Zwischen den XXL-Brüsten einer rasierten Transe und den Tränen eines angeblichen Vergewaltigungsopfers äußern sich Schauspielerinnen in *Bild* bereitwillig darüber, ob bei ihrer Scheidung der Altersunterschied eine Rolle gespielt habe, ob es einen anderen Mann in ihrem Leben gebe und ob ihre Brüste «echt» seien. Hier legt ganz Deutschland die Beichte ab: Mario Adorf über seine Seitensprünge, Sandra Maischberger über «Keif-TV bei Maischberger», der Fernsehfritze Carlo von Tiedemann über seine Schönheitsoperation («Diese Alterstitten quälten mein Ego»), der Autowettrennfahrer Hans-Joachim Stuck übers Autowettrennfahren, der Alt-Bundespräsident Richard von Weizsäcker über die Notwendigkeit einer stabilen Regierungskoalition, Horst Tappert über die Wassereinlagerungen in seinen Füßen und Jörg Immendorff über die Einfälle, die er in der Badewanne hat. Hier stehen sie, statt indigniert den Hörer aufzulegen oder den Blutsaugern die Tür vor der Nase zuzupfeffern, Rede und Antwort: Strafverteidiger, Kardinäle, Minister, Bankiers, Künstler, Unternehmer, Kanzler und renommierte Bischöfe. Hier inserieren Supermarktketten, Autohersteller, Kaffeehändler, Arzneimittelproduzenten, Unternehmerverbände, Gewerkschaften und Bundestagsparteien. Hier wirbt Wim Wenders in einer Anzeige für die SPD, im Verbandsorgan des Volkszorns über den gestiegenen Benzinpreis, in einem Schundblatt, das auf seinem Pirschgang nach geilen Ludern den Rucksack des Bereuens in den Müll geschmissen hat. Und nun kreidet ein Christdemokrat, der sich blendend mit *Bild* versteht, der DDR sechzehn Jahre nach ihrem Untergang einen Mord an, den eine «proletarisierte» Frau an ihren Kindern begangen hat?

In seinem Tagebuch aus dem Jahr 1989 hat der antikommunistische Schriftsteller Walter Kempowski seinen Einträgen Tag für Tag die Schlagzeilen aus *Bild* und dem *Neuen Deutschland* vorangestellt. «Tagung der Politischen Beratenden Ausschüsse der Teilnehmerstaaten des Warschauer Vertrages begann», meldete das *Neue Deutschland* 1989, während *Bild* dem Gesocks im Westen am selben Tag etwas Schärferes apportierte: «Nervenkrieg um ‹neue Freundin› – Boris ist doch kein Sex-Hengst». Im historischen Rückblick und im direkten Vergleich mit *Bild* nimmt sich das *Neue Deutschland* wie der letzte Hort bürgerlicher Wohlanständigkeit aus, während *Bild* schon damals alle Burgen abendländischer Gesittung leergefressen und ruiniert hatte.

Daß zwölf Millionen Schwachköpfe wissen möchten, wer nun wem «am drallen Allerwertesten» gefummelt habe, und daß es ein ehrloses Klatschblatt gibt, das solchen Wissensdurst stillt und die Ehekräche primitiver Schlagerfuzzis bekochlöffelt – damit könnte man leben. Aber daß eine Kulturnation bis hinauf in die höchsten Spitzen der Regierung, der Wirtschaft und der Erbverwalter Goethes mit diesem Zentralorgan der Unterhosenspionage paktiert, ist ein Skandal. In *Bild* gurgelt der Gully obszön vor sich hin. Wer in dieses Abflussrohr hinabsteigt, der hat seinen Geist aufgegeben. Wer *Bild* als Kolumnist oder als Interviewpartner dient, der ist ethisch gerichtet und hat seinen intellektuellen und moralischen Bankrott erklärt. Und wer, wie Gerhard Schröder es getan hat, einen Staatsgast zum gemeinsamen *Bild*-Interview willkommen heißt, der sollte sich die Frage vorlegen, ob es nicht anständiger gewesen wäre, den Gast in einem gutgeführten Bordell zu begrüßen als in Kai Diekmanns dreckiger Sexualnachrichtenkaschemme.

Auf diesen Aufsatz, der Ende 2005 in der von Kurt Scheel und Karl Heinz Bohrer herausgegebenen Monatszeitschrift *Merkur* erschienen und von der *taz* nachgedruckt worden war, reagierten viele Leser zustimmend: Das allgemeine Verlangen nach Zimmerreinheit scheint doch größer zu sein, als man annehmen dürfte, wenn man gesehen hat, wie Sabine Christiansen und Friede Springer einträchtig im Plenarsaal nebeneinandergesessen und gemeinsam öffentlich in einer Ausgabe der *Bild*-Zeitung geblättert haben, ohne sich voreinander oder vor der interessiert zuschauenden Öffentlichkeit irgendwie zu genieren.

Nicht so recht zufrieden war hingegen die Kritikerin Ingeborg Harms. In der *FAZ* tadelte sie das Niveau des Beitrags: «Es ist bezeichnend für eine derart fulminante Entrüstungslitanei, daß sie sich auf das Niveau des Gegners begeben muß und ihre schillerndsten Pointen durch blanke Zitate erwirtschaftet. Wo auch der Zornigste für den Sensationalismus des Skandalblatts Reklame macht, bleibt nichts als der erhobene Zeigefinger.»

Was könnte sie gemeint haben? Doch nicht im Ernst, daß ich im *Merkur* Reklame für *Bild* betrieben hätte? Sind irgendwelche *Merkur*-Leser nach der Lektüre zum Kiosk gelaufen, um sich von *Bild* über prickelnde Scheidungskriege informieren zu lassen? Und inwiefern und wo hatte ich mich auf das auch von Ingeborg Harms beklagte niedrige Niveau des Gegners hinunterbegeben? Das verriet sie leider nicht. Hatte ich denn vor den Augen von zwölf Millionen *Merkur*-Lesern Friede Springer nackt ausgezogen, so wie es ihr Adlatus Diekmann mit seiner schnuckeligen «Titelmieze» alle Tage tut? Nicht daß ich wüßte. Meines Wissens habe ich nur aus *Bild* zitiert, aber nicht um damit schillernde Pointen zu erwirtschaften, sondern um den Zeigefinger zu erheben und ihn auf gewisse Unstimmigkeiten zwischen dem sechsten Gebot und den von *Bild* vermittelten telefonischen «Bumskontakten» zu richten sowie auf den Greuel der Allianz von *Bild*, Vatikan und Bundestag. Was Ingeborg Harms daran missfallen hat, ist mein Zeigefinger. Wenn's weiter nichts ist!

Ein Autor der *taz* urteilte, es sei «altmodisch», sich über *Bild* zu ereifern, und da hatte er recht: Die Mode, *Bild* abzulehnen, ist uralt. Sie datiert aus den späten 1960er Jahren, als ganze Scharen künftiger Medienhuren einander in die Hand gelobten, niemals für Springer zu schreiben. Im 21. Jahrhundert tun sie's alle, und im verbliebenen Fähnlein Fieselschweif könnte man durchzählen lassen, ohne daß Langeweile aufkäme. Über die Vergeblichkeit seines Kampfs gegen die Weltherrschaft der Preßreptilien hatte sich auch Karl Kraus keine Illusionen gemacht – «die Allmacht der Rotationsmaschine», schrieb er 1923, «wird mit solchen feindlichen Einzelhandlungen fertig, und produzierte sie als Entgegnung nichts als einen sinnlosen Griff ins Alphabet. Und wenn's ihr um Argumente zu tun ist, so gibt es keines, dessen Dummheit knüppeldick genug wäre, um, in Druckerschwärze serviert, nicht imstande zu sein, die Autorität der Lumperei wiederherzustellen.» Im Jahre 2005 war man daher «altmodisch», wenn man den Herausgeber der Sensationsmeldung vom «Penis-Riß» eines Fußballspielers tadelte. Und die Autorität der Lumperei war wiederhergestellt.

Neumodischer als die altmodische Haltung ist es, *Bild* als «Kult» zu umschmusen oder als Gagschreiber aus *Bild*-Schlagzeilen Pointen für TV-Spaßmacher herauszuholen und es als Erfolg zu verbuchen, wenn debile Studiogäste den Scherz begackern, daß Oliver Kahn jetzt ja gar nicht mehr wisse, ob er beim nächsten Länderspiel drin sei oder nicht oder ob ein anderer drin sei; das wisse Oliver Kahn ja nicht einmal bei seiner eigenen Frau, wer das nächste Mal drin sei ...

In der guten alten Zeit wären solche Witzbolde zum Duell herausgefordert und erschossen worden. Heute heißen sie Comedians und kommen ins Fernsehen. Oder sie besuchen die Journalistenschule und gehen zu Springer, als Redakteure mit konsequenter crossmedialer Ausrichtung. Beide Wege führen in die Mitte der Gesellschaft, aber nur der zweite in den Vatikan.

«Ich sehe das mit Humor», hat der Hamburger Weihbischof Hans-Jochen Jaschke gegenüber der *Zeit* erklärt. «*Bild* liebt den Papst, *Bild* liebt die Show, und wenn es der Bibel zugute kommt, warum nicht?» Wenn einer Millionenzeitung Abspritzgarantien, Bumskontakte, Päpste und gehenkte Kinderschänder zur Auflagensteigerung dienen, möchte auch ein Weihbischof, der seinerseits die Show zu lieben scheint, nicht abseits stehen: «Wenn *Bild* mich zum Schreiben auffordert, mache ich das selbstverständlich.» Ist doch Ehrensache.

Hans Joachim Meyer, der Präsident des Zentralkomitees der deutschen Katholiken, äußerte, «als pragmatischer Katholik», die wachsweiche Meinung: «Wenn der Papst *Bild* ein Interview gegeben hätte – dagegen hätte ich gar nichts gehabt.» Wortwörtlich «gar nichts» gegen einen Auftritt des Papstes zwischen der Telefonnummer einer triebigen Greisin und den Tränen eines angeblichen Vergewaltigungsopfers. Der katholischen Kirche ist ja schon so manches nachgesagt worden, aber die Eigenschaft einer «pragmatischen» Einstellung zum Tanz um das goldene Kalb hat sie erst bewährt, als einer ihrer höchsten Vertreter dazu verpflichtet gewesen wäre, sowohl der *Bild*-Zeitung als auch dem mit ihr poussierenden Papst etwas Männlicheres zu zeigen als ein Achselzucken. Dazu ist er leider zu pragmatisch gewesen, der Präsident des Zentralkomitees der deutschen Katholiken.

Was mögen das für Werte sein, die Papst Benedikt XVI. vertritt, nachdem er aus Kai Diekmanns Händen eine «Gold-Bibel» entgegengenommen hat? Der ehrwürdige Greis und der Besudler der Ehre einer Schauspielerin, Hand in Hand: Als wollten sie die immerwährende Union von Vatikan und Gossenpresse besiegeln.

Wenn ganz was Unerwartetes begegnet,
Wenn unser Blick was Ungeheures sieht,
Steht unser Geist auf eine Weile still:
Wir haben nichts, womit wir das vergleichen,

sagt der Staatssekretär Antonio im fünften Aufzug von Goethes «Torquato Tasso».

Foto: Auturo Mari

Als Agnostiker kann man sich über den Verrat, den die Christen an ihren Glaubensgrundsätzen begehen, nur wundern. Was soll gelten? Matthäus 5, Vers 27 und 28, oder doch eher Kai Diekmanns Aufruf, geile Gören anzurufen und sich bei der Zigarette danach von Friede Springers interessantester Zeitung über alle Einzelheiten des Oralverkehrs eines angeblichen Vergewaltigungsopfers mit einem TV-Moderator unterrichten zu lassen?

Eine lustige Antwort auf diese Frage hat Herr Peter Seewald dem *Zeit*-Autor Jan Ross gegeben: Benedikt XVI. habe «keine Berührungsängste, wenn es darum geht, seine Botschaft unter die Leute zu bringen. Da ist er nicht päpstlicher als der Papst. Jesus hat sich auch mit den Sündern eingelassen.» Also habe sich auch der Papst mit dem Sünder Kai Diekmann einlassen dürfen, ohne Berührungsangst zu verspüren. Wie man weiß, hat ja selbst Jesus manches freundliche Wort über Huren verloren. Aber in keinem Evangelium steht geschrieben, daß Jesus einem Gesandten des Springer-Konzerns die Hand gereicht und eine «Gold-Bibel» aus den Klauen eines Chefredakteurs entgegengenommen habe, an denen noch der Blutdunst einer Schlagzeile über zwei im Iran gehenkte Kinderschänder haftete. Fraglich ist auch, ob Jesus Lust dazu verspürt hätte, sich gemeinsam mit Kai Diekmann fotografieren zu lassen. Fest steht, ein für alle Mal, daß Johannes Paul II. und Benedikt XVI. mit Kai Diekmann und *Bild* gemeinsame Sache gemacht haben. Und daß die Gefangenschaft einer im Irak entführten Deutschen Kai Diekmanns Redaktionsteam in der Vorweihnachtszeit des Jahres 2005 auf die Idee brachte, balkendick und förmlich frohlockend die Ermordung der Geisel vorwegzunehmen: «Wird sie geköpft?»

Wir durchschreiten 15 Türen. Staunend. Atemlos. Immer schweigsamer», schrieb Norbert Körzdörfer in seiner Reportage über den Empfang, den Papst Johannes Paul II. an seinem Lebensabend einer von Kai Diekmann angeführten Delegation der *Bild*-Zeitung gewährt hatte. Seiner von Tür zu Tür gewachsenen Schweigsamkeit konnte Körzdörfer aber noch das Gerücht entringen: «Die letzte Tür ist die kleinste. Tief, schmal, still.»

Hinter dieser tiefen, schmalen, stillen Tür freute sich der Heilige Vater schon auf den Körzdörfer. «Er zittert nicht, er ruht in sich. Ein menschlicher Fels [...] Dieser Mann strahlt. Man empfindet Ehrfurcht und Geborgenheit. Den Atem der Geschichte und der Ewigkeit», behauptete Körzdörfer, der auch kein Problem damit hatte, seine Ehrfurcht vor dem Atem der Geschichte mit der Werbung für telefonische Bumskontakte unter einen Deckel zu bringen. «Seine warme Hand packt greifend zu. Sie hält fest. Das Herz dockt an. Sein Haupt nickt [...] Die Zeit steht still. Ich schaudere vor Ergriffenheit [...] Der Papst betrachtet und befühlt die *Bild*-Bibel [...] Der Abschied. Das Ende. Ein Sekretär flüstert: ‹Er weiß, daß Sie auf der Seite der Armen, Kranken und Schwachen sind ...›» Nämlich auf der Seite 1, die Kai Diekmann zur Arena für öffentlich auszutragende Scheidungsschlachten ausgebaut hat.

Während man noch staunend, atemlos und immer schweigsamer schaudert, empfindet man Ehrfurcht vor der Frechheit, mit der hier ein *Bild*-Reporter Ergriffenheit simuliert und so tut, als ob er ein Herz habe, das irgendwo andocken könne, und sei es an einem menschlichen Felsen im Vatikan.

«Hier gibt's die ‹Volksbibel› für 9,95 Euro!», meldete *Bild* auf derselben Seite. «Eine Edelausgabe der Heiligen Schrift zum Supersparpreis von nur 9,95 Euro – das ist die *Bild*-Volksbibel. 2,5 Kilo schwer, 1304 Seiten dick, 21 mal 29 Zentimeter groß. Die Einheitsübersetzung, in dunkelrotes Kunstleder gebunden, mit Kopfgoldschnitt und Leseband. Mit 24 prächtigen Farbtafeln der Werke alter Meister wie Dürer, Cranach, Caravaggio, Leonardo da Vinci. Mit großer Familienchronik für persönliche Gedenktage. Wo's die Volksbibel gibt? Im ausgewählten Buchhandel, allen Weltbild-Plus-Filialen oder telefonisch unter 0180/53 54 377 (0,12 Euro/Min. aus dem Festnetz, Versandkosten von 3,95 Euro werden gesondert berechnet).»

Wenn ein alter Meister wie der liebe Gott nur etwas cleverer gewesen wäre, dann hätte er Mose anstelle zweier Steintafeln eine 2,5 Kilo schwere, in dunkelrotes Kunstleder gebundene und mit prächtigen Farbtafeln ausgestattete Edelausgabe der Zehn Gebote angedreht, zu einem Supersparpreis, und der Engel des Herrn hätte sein Gespräch mit Mose nicht aus dem brennenden Dornbusch, sondern für 0,12 Euro/Min. aus dem Festnetz geführt und dem Haus Israel die Versandkosten für das gelieferte Manna gesondert berechnet. Und Kai Diekmann dürfte zur Rechten Gottes sitzen. Das wär's gewesen.

Da's aber nicht sein konnte, nahm Diekmann mit dem Platz an der Seite des Stellvertreters Gottes auf Erden vorlieb, zunächst im Vatikan und dann auf einem großformatigen Farbfoto in der *Bild*-Zeitung («Gruppenbild mit Papst und *Bild*-Bibel»). «Lassen Sie die Deutschen wissen, daß ich sie segne und auf sie zähle im Namen Christi», sagte Johannes Paul II. laut *Bild* zu Kai Diekmann, der seither mit päpstlichem Segen seiner Berufung folgt, Spermien aus dem TV-Prominenten-Milieu breitzutreten und die notorischen Bumskontakte zwischen jenen Deutschen herzustellen, auf die der sterbende Papst im Namen Christi gezählt hat.

Zubilligen muß man Johannes Paul II., daß er der Würde seines Amtes mit der Ernennung Kai Diekmanns zum Boten eines päpstlichen Segensspruches keinen Schaden mehr zufügen konnte, denn der war schon angerichtet worden, Jahrzehnte zuvor, als Pius XI. die Vertreter der großmächtigen, in der Ära ihres Herausgebers Moriz Benedikt zu internationaler Geltung gelangten Wiener Tageszeitung *Neue Freie Presse* empfangen hatte. In einem Gedicht mit dem Titel «Empfang beim Papst» hat Karl Kraus die Bedeutung dieses historischen Moments der ersten öffentlichen Verbrüderung von Vatikan und Journaille zu erfassen versucht:

Im Himmel herrschet ein Frohgelock
über das, was ihm neulich begegnet:
der Papst hat durch einen Presseschmock
die gläubigen Völker gesegnet.

Im anno santo hat sichs geschickt
und die Engel freun sich nach Noten:
der Pius hat dem Benedikt
einen Herzensgruß entboten.

Der Grund zur Freude ist leicht durchdacht,
wenn man sich von Bedenken losmacht:
Der Papst, er hat es weit gebracht,
er verkehrt mit einer Großmacht.

Eingedenk der Bewahrung und Fortführung der Tradition des innigen Einverständnisses zwischen den Repräsentanten der Gosse und dem Heiligen Stuhl durch Johannes Paul II. und Benedikt XVI. könnte man noch eine Strophe hinzudichten:

Auch Johannes Paul und uns Benedikt
üben eifrig diesen Verkehr aus:
Bild verrät, wer wen im Bett beglückt,
und geht dennoch in Rom nicht leer aus.

Dennoch? Nein – ohne das millionenfache Ausratschen von Bettgeheimnissen und die Nennung von Namen hätte *Bild* nicht den Status einer Großmacht errungen, die einen Anspruch auf die Audienz beim Papst erheben darf. Für auflagenschwächere Sexheftchen wie *Schlüsselloch* und *Praline* tätige Revolverjournalisten wären weder von Johannes Paul II. noch von Benedikt XVI. empfangen worden. Um der Ehre einer Papstaudienz teilhaftig zu werden, muß man opulentere Reize zu bieten haben. Erst der mit Bettsensationen erraffte Reichtum des Springer-Konzerns hat es Kreaturen wie Diekmann und Körzdörfer ermöglicht, im Vatikan vorgelassen zu werden. Es müßte also heißen:

Bild verrät, wer wen mit Hörnern schmückt,
und geht deshalb in Rom nicht leer aus.

Die Antwort auf die Frage, wie er das mit seinem Glauben an die Heiligkeit des Blutes aller biblischen Propheten vereinbare, die doch sämtliche Höllenstrafen auf Friede Springers Auflagen- und Abspritzgaranten herabbeschworen hätten, ist eine Privatsache des amtierenden Papstes, die er mit sich und seinem Gott abmachen muß. Von öffentlichem Interesse ist nur die Tatsache, daß sich auch Benedikt XVI. im Diesseits den Bedürfnissen der *Bild*-Zeitung anbequemt hat. Einen Papst, der sich mit *Bild*-Redakteuren knipsen lässt, statt sie aus dem Tempel zu peitschen, wird es nicht kränken, wenn man ihm die Charakterfestigkeit und Prinzipientreue einer Flaschengurke bescheinigt. Wie wacker hat sich der Kardinal Ratzinger dem Sittenverfall entgegengestemmt! Und wie kläglich hat er als Papst vor der Großmacht der Springer-Presse die Rute gesenkt!

Bild, 21. Januar 2006: «Hawaii – Schmutzige Gerüchte um Luxus-Luder Paris Hilton (24)! Die millionenschwere Hotelerbin soll während einer Taxifahrt angeblich ungeniert in den Wagen gepinkelt haben. Der Taxifahrer behauptet, Paris sei zu betrunken gewesen, um es zu bemerken. Als Beweis führt der Mann ein angeblich mit Paris' Pipi getränktes Handtuch an. Ein Sprecher der Party-Queen dementiert die Piesel-Affäre.»

Pinkelte Paris Hilton ins Taxi?

Hawaii – **Schmutzige Gerüchte um Luxus-Luder Paris Hilton (24)! Die millio-**

***Bild*, 21. Januar 2006**

«Tina (21) stöhnt gern mit älteren Männern»: Auch diese im Dezember 2005 veröffentlichte Anzeige einer in *Bild* um sexuell funktionsgestörte Freier buhlenden «Telefonsexschlampe» hat die tabulosen Würdenträger der katholischen Kirche nicht zur Besinnung gebracht. Die regen diplomatischen Beziehungen zur *Bild*-Zeitung, in deren Spalten blutjunge Sexschlampen mit älteren Männern «ganz anonym» um die Wette stöhnen, wird der Vatikan erst erkalten lassen, wenn Springer vor der Pleite steht. Bis dahin wird der Papst spontane Parkplatztreffs und diskrete Sofortkontakte in der einen oder anderen Enzyklika mißbilligen, aber stets darauf bedacht sein, der obersten Sexualkontaktbörsianerin Friede Springer nicht auf die Zehen zu treten, denn auf die Erlaubnis, im selben Theater den Hanswurst zu geben wie die «verspielten Rotzgören» und die «naturgeilen Nymphen», die ihre Dienstleistungen in *Bild* anbieten, möchte auch Benedikt XVI. nicht verzichten.

«Lass Deine Hose jetzt vibrieren!», «NINA bereit zur mündl. Prüfung», «ANNA Oma (60, Hänge-Busen)», «Alte Schachtel reif + heiß» – alles das und noch viel mehr aus der von Kai Diekmann presserechtlich verantworteten Kleinanzeigenrubrik der *Bild*-Zeitung hat Seine Heiligkeit als Empfänger einer gleichfalls von Diekmann edierten Bibel stillschweigend in Kauf genommen. Er ist schon ein Blitzdonnerwetterbub, unser Kaischi: Daheim wringt er pipigetränkte Handtücher aus und steckt den Lesern die Telefonnummern hängebusiger, die Hosen zum Vibrieren bringender Omas zu, und in Rom überreicht er dem Papst eine «Gold-Bibel». Und der bedankt sich noch.

«Versauter geht's nicht» (*Bild*, 29. Dezember 2005, S. 19, Rubrik «Telefon-Service»).

Bild, 31. Januar 2006: «Polizist schießt Einbrecher in den Hintern». Mit Nachrichten wie dieser, die dem Publikumsbedürfnis nach Schadenfreude entgegenkommen, versichert die *Bild*-Zeitung sich täglich der Komplizenschaft ihrer treuesten Leser, die auch als ausgewachsene Gemüsehändler, Dachdecker und Bundeswehrpiloten mit dem kruden Humor von Vierjährigen durchs Leben gehen und sich freuen, wenn man ihnen das billige Vergnügen bietet, einen unter die Gürtellinie abgefeuerten Pistolenschuß beschmunzeln zu dürfen.

Polizist schießt
Einbrecher
in den Hintern

***Bild*, 31. Januar 2006**

«Wir stehen der Tatsache gegenüber, daß mit einer noch nie, seit es Lügner und Lumpen gibt, erlebten Schamlosigkeit der Selbstbehauptung aller Nihilität Dinge in die Welt gesetzt werden, die vordem nur das Zimmer verunreinigt hätten, und man kann mit einer Deutlichkeit, die annähernd an diese Mission hinanreicht, sagen: die Rotzbüberei ist ein publizistisches Amt geworden», stellte Karl Kraus 1925 in der *Fackel* fest. Er meinte das damals florierende Wiener Revolverblatt *Die Stunde*, «das um die Mittagsstunde den Mord durch die

Gassen ruft» und «mit der Unbefangenheit, die das Nichtsnutzige als Trumpf ausspielt, den hellen Tag zum Nachtlokal macht»:

Die *Stunde* führt einen unerbittlichen Kampf gegen die Bespitzelung des Privatlebens durch die Polizei. Sie tritt dafür ein, daß sich die Leute ausleben, und führt es auf die zunehmende Provinzialisierung Wiens zurück, daß der Geschlechtsakt durch andere Organe als durch die beglaubigten Gewährsmänner der *Stunde* unterbrochen wird. Das ist in der Tat auch insoferne etwas anderes, als die Zeugenschaft der *Stunde* nur Authentisches an den Tag bringt und sich ausschließlich auf wahre Tatsachen des Privat- und Familienlebens, also auf die wirklichen Ereignisse beschränkt, die, auch wenn sie erstunken und erlogen sind, gleichwohl durch die packende Darstellung etwas für sich haben. Wozu noch kommt, daß die Intervention der *Stunde* jeglichen muckerischen Charakters entbehrt, im Gegenteil einen ausgesprochen hedonistischen Zug aufweist, so daß die betroffenen Paare dem Berichterstatter, der Gelegenheit hatte, dabei zu sein, selbst dann zu Dank verpflichtet sind, wenn er zufällig nicht dabei war.

Man könnte, was Karl Kraus hier schreibt, für eine visionäre Zusammenstellung aller kennzeichnenden Merkmale der *Bild*-Zeitung halten:

Die *Stunde* kann von sich sagen, daß sie menschliche Qualitäten und Handlungen, über die zumeist gerade die beteiligten Personen auffallender Weise bisher einen Schleier gebreitet und mit denen sie zumindest kein besonderes Aufsehen gemacht haben, ins Licht gerückt hat. So glücken ihr Lichtbilder von Frauen, denen sie nachsagt, daß sie «liebesfähig und zynisch» sind, miteinander befreundet, daß sie soeben mit Erfolg eine Morphium-Entziehungskur durchgemacht haben, daß sie eine Perlenschnur versetzt haben, daß sie auf dem Sprung sind, nach Monte Carlo zu reisen, und dergleichen Dinge mehr, die den Neid der bodenständigen Diurnistenseelen erwecken.

Jede aushäusige Baronin mußte darauf gefaßt sein, daß die *Stunde* Spekulationen darüber anstellte, ob «die Reise der Baronin eine Flucht aus der Ehe gewesen» sei, da ja «außer der schönen Herrin» nach Recherchen der *Stunde* «noch jemand im Hause» fehle, nämlich der «junge Sekretär des Barons». «Daß es dergleichen in der ganzen Welt nicht gibt und in Wien nie zuvor gegeben hat, ist eine Tatsache», urteilte Kraus und gelangte zu dem wehmütigen Schluß, daß die von ihm jahrzehntelang bekämpfte bürgerliche Presse neben der gossenjournalistischen Kühnheit der *Stunde* geradezu «ein Aroma von Ehrwürdigkeit» annehme: «Denn wenn die alten Bordellmütter die Prostitution mit hohepriesterlichen Gebärden verrichteten, so fällt angesichts der faunischen Schamlosigkeit des neuen Handwerks doch etwas wie Weihe auf die Korruptheit alten Stils.»

Die *Stunde*, gegründet mit Kapital der Spekulanten Camillo Castiglioni und Siegmund Bosel, wurde von Imre Bekessy verlegt, einem aus Ungarn vor der Polizei geflohenen Betrüger und Erpresser, der sich in Wien ein Auskommen als allseits gefürchteter Nutznießer von Ehekrächen, Mesalliancen, Geschlechtskrankheiten und Liebesaffären verschafft und eine Publizistik ins Leben gerufen hatte, die sich, nach Karl Kraus, «keinen Augenblick bedenkt, dem Leichnam einer Frau deren Aktphotographie gegenüberzustellen». Was dem Abendland mit Bekessys *Stunde* dämmerte, hat Kraus anschaulich dargestellt:

Aus dem Blutdunst einer Epoche, die den Heldentod als Vorwand zum Betrug an der Menschheit gebraucht hat, ist ein Raubtiergesicht aufgestiegen, ein nachsintflutliches Ungeheuer, nur vergleichbar dem Trachodon, dem Triceratops und den andern dinosaurischen Schiebern aus der Kreidezeit: der Castiglioni aus der Tintenzeit. Seine Züge sind die Schriftzüge einer erbarmungslosen Journalistik, die dieses Gesicht rehabilitiert und selbst dort noch erkennend verklärt, wo ein zerfleischter Kindesleichnam zum Fraß ihrer Betrachtung dient.

Ein Menschenalter später publizierte *Bild* das verfremdete Foto eines Mädchens, das bei einem Verkehrsunfall ums Leben gekommen war («SIE starb im Todesbus») und tischte die noch körperwarmen Ermittlungsergebnisse auf:

Die Körper der Jugendlichen wurden zerfetzt. Die Sanitäter konnten die Opfer zunächst nicht identifizieren. Eines der Opfer: Annemike L. (14), Zahnarzttochter aus Coppenbrügge, Gymnasiastin in Hameln. Sie sang im Kirchenchor und war als Darstellerin in einer Musicalgruppe aktiv. Das Mädchen saß mitten im Bus, stieg nur eine Haltestelle vor dem Crash ein.

Von Leichenfledderern, die zu einem Unfallort ausschwärmen, um Farbfotos der Toten einzutüten und Erkundigungen über deren «vor dem Crash» ausgeübte Hobbys einzuziehen, hat Karl Kraus sich auch bei ausgedehnter Lektüre der *Stunde* noch kein Bild machen können; aber die Dämmerung des Boulevards hat er scharf erfaßt:

Ein prinzipielles Fallotentum, das weder Ehrfurcht noch Rücksicht auf irgend eine Tatsache des Lebens und Sterbens kennt, kein Verdienst des Geistes achtet und keinen Anspruch der Not, nichts wahrnimmt außer dem eigenen Geschäft und alles nur für dieses, kein Geheimnis verschlossen läßt, das die

Aufmachung lohnt, und den Skandal als Stundenschlager anzeigt, Gunst und Ungunst nach Zufall, Laune und Sensationsbedarf verteilt und an dem nichts unveränderlich ist als das Grinsen zu allem – das ist die Wesensmarke dieses neuen Journalismus.

Daß die sexuelle Libertinage dem Animiergeschäft nutzbar gemacht wird, erhöht beider Wirkung. Der Informationsdrang auf einem Gebiet, das bisher gerade von der freiesten Moralauffassung mit den Rechten des Privatbesitzes umzäunt wurde, ist erstaunlich, doch sein ungebändigt Walten erklärt sich – angesichts der Aussichtslosigkeit, von der Geschwornenjustiz Abhilfe zu erlangen – ausschließlich aus der fahrlässigen Nichtbeachtung der Maxime: wenn die *Stunde* zum Weibe geht, die Peitsche nicht zu vergessen!

Daß hier aber auch die Hundspeitsche nicht helfen konnte, hat Karl Kraus in einem «Das Infamilienblatt» überschriebenen Vierzeiler dargelegt:

Nein, keine Peitsche, sie vermehrt das Gfrett,
man muß da die Methode tauschen.
Geprügelt kroch der Köter unters Bett,
um das Geheimnis besser zu belauschen.

Kraus hielt es nicht für ausgeschlossen, seiner Sache mit anderen Methoden zum Sieg zu verhelfen:

Dieser Sieg muß beileibe nicht darin bestehen, daß ein Gebrandmarkter die Stätte seiner ruchlosen Wirksamkeit verläßt. Es genügt, daß der Umkreis jener immer größer wird, die von einem Grausen gepackt werden, daß dergleichen im Leben einer Kulturregion Platz habe. Und diesen Ausgang werde ich mit allen geistigen und moralischen Mitteln, die mir zu Gebote stehen, herbeiführen, so entschieden, daß die

Indifferenz, die dem Treiben zusah, sich als Ehrlosigkeit erkennen wird und nicht wissen, ob sie vor sich selbst ausspuken soll oder vor dem Typus, den sie ertragen hat.

Und gelänge es mir bei den Mitlebenden nicht, so hoffe ich doch für deren tiefe Verachtung durch die Nachlebenden vorgesorgt zu haben. Denn die werden staunen, welche journalistische Furie sich diese Nachkriegszeit gezüchtet hat zur Strafe für das Kriegsverbrechen und als Ablösung jener Presse, die es verschuldet hatte. Sie werden den Umfang meines Wirkens gegen die Pest, den Inhalt positivsten Tuns, mit einer höheren Gerechtigkeit ermessen als eine Gegenwart, die nur von Bildungswegen zur Kenntnis nahm, daß ich in diesem Kampf erlauchte Vorfahren hatte, welche gleich mir es nicht unter ihrer künstlerischen Würde gefunden haben, das Ideal im Widerspiel des Drecks der Zeit zu bejahen.

Doch wenn der Starke am mächtigsten allein ist, so wäre er es auch in der Gegenwart nicht ohne den Rückhalt der Ungezählten, die mit ihm die Schmach empfinden, lebenslänglich zu dieser Gegenwart verurteilt zu sein. Eine Frau war es, die, mit besserer Ahnung für das Unheil unseres Lebens begabt als die Politiker, mir kürzlich das ganze Staunen über die Entartung, in der wir verenden, in der Frage darbot, wie es denn zugehe, daß ihr Friseur einen Befähigungsnachweis benötige, aber ihr Journalist keinen.

Das kommt, sagte ich, daher, daß dieser die Köpfe von Tausenden behandelt, und als hätte ich es nicht schon tausendmal gesagt, erklärte ich, zu welcher Kulturbarbarei die Idolatrie der Preßfreiheit uns verdammt und daß ich, über den Wert der geänderten Staatsform hinaus, für einen ganzen Umsturz keinen Pfifferling gebe, der das zentralste Problem unseres Lebens nicht nur unberührt gelassen, sondern zur brennendsten Schmach gereift. Denn war es schon immer so, daß der einzige Befähigungsnachweis, den der Journalist erbringen mußte, darin bestand, daß er einen andern Beruf verfehlt hatte, so wird ihm jetzt selbst dieser Nachweis erlassen, indem nur mehr die Kriminalität als Vorstufe verlangt wird und der letzte Spitzbube, der freilich sein Metier durchaus verstanden haben muß, wenn er nur auch genügend Mittel für den Druckbetrieb erpressen kann, die Macht hat, zur kulturellen Instanz emporzusteigen.

Ich wirke planvoll und zielbewußt an der Durchkreuzung dieser Karriere, ich arbeite an dem Zusammenbruch des Geschäfts, das ein abgefeimter Budapester Seifenagent mit dem Kapital der Wiener Indolenz betreibt, und ich lege schon heute das Bekenntnis totaler Erbarmungslosigkeit ab, wenn es gelingen sollte, etliche Dutzend Helfer – die um des schmutzigsten Brotes willen mittätig sind, die moralische, geistige und materielle Sicherheit dieser Stadt zu bedrohen, und deren Gewerbe selbst von der regulären Berufskorruption verfehmt wird – dem Heer der hunderttausend Arbeitslosen anzugliedern, deren jeder einzelne doch ein nützliches Geschäft verlassen mußte und mehr Mitleid verdient als die zur Qual der Menschheit erschaffene Wanzenbrut!

Dem Verleger der *Stunde* konnte Karl Kraus das Handwerk legen. Die mediale Blutverwurstungsindustrie des frühen 21. Jahrhunderts ist fester etabliert.

Wenn das Vaterland in Gefahr ist, löst der Herausgeber der *Bild*-Zeitung seinen Blick vom Ausschnitt der aktuellen «Titelmieze» und nimmt staatsmännische Haltung an. «Wir sind Freunde!», verkündeten am 9. Februar 2006 Kai Diekmann und Ertuğrul Özkök, der Chefredakteur der türkischen Zeitung *Hürriyet*, in einem gemeinsamen Kommentar zum weltweiten Streit um die Karikaturen des Propheten Mohammed, die in einer dänischen Regionalzeitung erschienen waren und Zehntausende von Muslimen in Rage gebracht hatten.

***Bild*, 9. Februar 2006**

Die Welt, schrieben Diekmann und Özkök, sei in diesen Tagen ratloser Zeuge von religiös motivierter Wut und Unversöhnlichkeit. Es scheine fast, als werde das Schreckbild des «Kampfs der Kulturen» Wirklichkeit: «Aber wo stehen wir mit unseren beiden Kulturen wirklich?»

Die richtige Antwort auf diese rhetorische Frage wäre gewesen, daß Kai Diekmann mit seiner Kultur, wenn man sie so nennen möchte, zwischen den *Bild*-Schlagzeilen «Ganz schön geili, die Schwester von Kylie!» und «Kampfhund vergewaltigt Hausfrau» stand, also in der Gosse.

«Die islamische und die christliche Welt tragen gemeinsame Werte, für die beide Religionen stehen», erklärten Özkök und Diekmann. «Unsere beiden Zivilisationen basieren auf der Achtung des Individuums und auf sozialem Ausgleich.»

Von Özköks Zivilisation ist bekannt, daß es dort als strafbare Beleidigung des «Türkentums» gilt, von Türken ins Werk gesetzte Massaker zu erwähnen. In Diekmanns Zivilisation darf man als Meinungsführer den sozialen Ausgleich zwischen Individuen durch die Veröffentlichung von Telefonsex-Anzeigen fördern («GEIL AUF DIRTY TALK? Bei mir geht's dreckig ab») und sich trotzdem ungerührt auf Seite 2 im Kommentar als Bewahrer der Werte des Christentums spreizen.

«Als höchste Tugenden gelten dem Muslim wie dem Christen Nächstenliebe und Barmherzigkeit. Wir lehnen gemeinsam jegliche Form der Gewalt gegen Sachen oder gar gegen Menschen ab.»

Seine Nächstenliebe und seine Barmherzigkeit hatte Kai Diekmann ja vielfach glaubhaft unter Beweis gestellt; nicht zuletzt durch die Publikation einer Annonce mit dem Wortlaut: «Hose runter, Beine breit. Ich mach's Dir ohne Wartezeit.» Irritationen im Offizierskorps der Bundeswehr rief der Völkerfreund Kai Diekmann allerdings mit seiner radikalpazifistischen Absage an jegliche Form der Gewalt gegen Sachen oder gar gegen Menschen hervor, doch dieses Missverständnis konnte bald ausgeräumt werden: Selbstverständlich hatte er mit seiner Ablehnung jeglicher Form der Gewalt gegen Sachen oder gar gegen Menschen nicht gemeint, daß er jegliche Form der Gewalt gegen Sachen oder gar gegen Menschen ablehne, sondern nur, daß er zwar die eine oder andere Form der Gewalt gegen Sachen oder gar gegen Menschen ablehne, aber nicht jegliche: Die Bundeswehr dürfe bei ihren Einsätzen durchaus gewisse Formen der Gewalt gegen Sachen oder gar gegen Menschen anwenden, ohne befürchten zu müssen, daß Kai Diekmann aus Protest dagegen in den Hungerstreik treten werde.

Im fettgedruckten Finale ihres Appells bezeugten Diekmann und Özkök einander den höchsten Respekt: «Ich mach dich völlig alle! Hol ihn raus und ruf an! Primitiver geht's nicht. Vollbusig & unrasiert! Jetzt auch mit Foto-Live Chat. Ich stöhne für Dich, solange Du es brauchst. Alte Schlampe (81) macht's mit Dir!» Hoppla, nein, das war ja der Anzeigenteil. Im Kommentarteil stand etwas anderes: «Wir rufen alle auf, Respekt vor den Gefühlen des jeweils anderen zu zeigen, Beleidigungen, Demütigungen oder Niedertracht zu vermeiden und ein wahrhaftiges Bündnis der Kulturen aufzubauen, das auf gegenseitigem Respekt basiert.»

Ein wahrhaftiges Bündnis der Kulturen auf der Schlagzeilenraketenbasis einer Zeitung, die von «Piesel-Affären» und zerfetzten Verkehrstoten lebt: So hatte sich Kai Diekmann das gedacht, und es ist ihm zuzutrauen, daß er sich eingebildet hat, Respekt zu verdienen. Aber welcher glaubensfeste Türke sollte auch nur einen Funken Respekt vor den Gefühlen eines Mannes haben, der den Anzeigentext «Versaute Türkin, zu allem bereit» veröffentlicht hat? Und was, wenn nicht nichts, soll man von einem türkischen Journalisten halten, der sich in den unreinsten Winkel der deutschen Gossenpresse abgeseilt hat, um von dort aus den Respekt vor den Gefühlen seiner Landsmänner einzufordern?

Potz Barmherzigkeit, Nächstenliebe, Kultur, Zivilisation & gemeinsame Werte! Was die Brüder Özkök und Diekmann sich da abgezwungen haben, ist ein Dokument der Heuchelei, vor dem man auch islamische Fundamentalisten nur warnen kann: Laßt Euch nicht einreden, daß Ihr im Bündnis mit der *Bild*-Zeitung eine auf gegenseitigem Respekt basierende Kultur aufbauen könntet! Denn sonst werdet Ihr vielleicht irgendwann die Telefonnummer Eurer Mutter im Kleinanzeigenteil wiederfinden («Vollbusig & unrasiert»), und sie wird für *Bild*-Leser stöhnen, solange sie es brauchen. Und das wollt Ihr doch sicherlich ebensowenig, wie wir ein Bündnis mit Euch wollen, das nur auf einer Lüge beruhen könnte. Ihr wollt nun einmal unsere Weinberge abfackeln und uns Ungläubige einen Kopf kürzer machen; bei allem Respekt.

«Ein gutes Beispiel für das friedliche Zusammenleben haben gestern zwei Chefredakteure von Zeitungen gegeben. Es waren Kai Diekmann von der *Bild*-Zeitung und sein Kollege von der *Hürriyet*, Ertuğrul Özkök», erklärte der FDP-Fraktionschef Wolfgang Gerhardt am 10. Februar 2006 in einer Aktuellen Stunde des Bundestags. Der CDU-Abgeordnete Reinhard Grindel pflichtete dem Kollegen bei:

Es muß Lebensbereiche geben, die uns heilig sind und die möglichst frei sein sollten von geschmacklosem Spott oder Schmähkritik. Deshalb sage ich gerade als jemand, der vor seiner Arbeit im Deutschen Bundestag als Journalist tätig war: Es gilt, die Presse- und Kunstfreiheit zu achten; es gilt aber auch, die Selbstverantwortung für journalistisches und künstlerisches Handeln und die Folgen journalistischen Tuns zu bedenken. Beides gehört zusammen.

In diesem Zusammenhang will ich ausdrücklich die gemeinsame Aktion von *Bild*-Zeitung und *Hürriyet* hervorheben. Das ist für mich ein Beispiel für verantwortlichen Journalismus, weil das Gemeinsame und nicht das Trennende zwischen Deutschen und Türken betont wird. Es ist jetzt sicher die richtige Botschaft, darauf hinzuweisen, daß im Alltag der Menschen viele Freundschaften gewachsen sind, die zu einem friedlichen Zusammenleben in unserem Land beitragen. In unruhigen Zeiten brauchen wir Aktionen wie die von *Bild* und *Hürriyet*, die beruhigend wirken. Ich finde, wir sollten das loben.

Danach hob der SPD-Abgeordnete Sebastian Edathy den Appell als «begrüßens- und bemerkenswert» hervor, und *Bild* konnte befriedigt notieren: «Bundestag lobt *Bild*».

Das ist ein gutes Beispiel für das friedliche Zusammenleben deutscher Politiker mit einem Fachjournal, das seinen Lesern die Nummern devoter «Telefonflittchen» durchreicht («Mein Arsch gehört Dir!»). Ob der CDU-Abgeordnete Reinhard Grindel wohl auch das als Beispiel für verantwortlichen Journalismus ansieht? Brauchen wir nicht gerade in unruhigen Zeiten wertkonservative Christen, die lieber das Trennende als das Gemeinsame betonen, wenn man sie auf die unzensiert belauschbaren Sexorgien im Kleinanzeigenteil der *Bild*-Zeitung anspricht? Und Liberale, deren Bürgerstolz es ihnen verbietet, im Bundestag einen Zuhälter alter Schlampen zu belobigen, die es dreckig abgehen lassen, sobald man sie anruft? Und eine Linke, die nicht mitzieht, wenn zwei Gossenblattbosse die Friedenspfeife herumgehen lassen?

«Daniel Zünglböck – Böser Kuß-Unfall mit einer Transe», meldete *Bild* am 13. Februar 2006. «Sangesfrosch Daniel Küblböck (20) und die Hamburger Kult-Transe Olivia Jones schleckten und leckten im ‹Royal Chicken Club› in Hamburg freudig aneinander herum ...» So wuchsen im Alltag der Menschen viele Freundschaften, die zu einem friedlichen Zusammenleben in unserem Land beitrugen, zur Genugtuung des Christdemokraten Reinhard Grindel, der sich freuen darf, daß *Bild* auch in diesem Fall das Gemeinsame und nicht das Trennende zwischen Sangesfrosch und Kult-Transe betont hat. Es muß eben Lebensbereiche geben, die uns heilig sind und die möglichst frei sein sollten von geschmacklosem

Bild, 13. Februar 2006

Spott oder Schmähkritik, und dazu sollte auch das Gewerbe der Prostitution gehören, an das *Bild* sich immer wieder wißbegierig anflanscht, was zu kuriosen Resultaten führt. Einige davon habe ich am 17. Februar 2006 auf der Wahrheitseite der *taz* in einem Artikel gewürdigt, der hier folgt.

Tabuloser Puff-Journalismus

Zwischen *Bild* und Bundestag hatte Ende letzter Woche noch traute Eintracht geherrscht: «Bundestag lobt *Bild*», schrieb *Bild*, nachdem Abgeordnete der FDP, der CDU und der SPD den «verantwortlichen Journalismus» des *Bild*-Herausgebers Kai Diekmann und seinen öffentlichen Schulterschluß mit dem Chefredakteur eines großen türkischen Kefirblatts gerühmt hatten. Dann aber gab Diekmann, übermütig geworden, am Montag die Schlagzeile heraus: «Riesen-Empörung im deutschen Bundestag – Linker Puff-Politiker macht Geld

Riesen-Empörung im deutschen Bundestag

Linker Puff-Politiker macht Geld mit „tabulosen Girls"

Fortsetzung von Seite 1

Von O. HOEREN und J. MEYER

„Das Interesse der Bürgerinnen und Bürger liegt mir besonders am Herzen", preist Gert Winkelmeier auf seiner Internet-Seite an. Gehören dazu auch die sexuellen Interessen?

„Ich bin die bildhübsche Monique, 21 J. alt, OW 75C, glattrasiert, naturgeil und vielseitig!" „Tatjana aus Kroatien, OW 85DD, nymphoman, von zart bis hart." So werben mehrere Prostituierte in Kleinanzeigen und im Internet. Sie arbeiten in einem Haus in der Neuwieder Stefanstraße, das Winkelmeier zusammen mit einem Freund als „Rentenversicherung" vor rund 10 Jahren ge-

weil die Prostituierten an einem lauen Sommerabend ein Grillfest im Garten nebenan mit lautem Stöhnen störten. Der „Rhein-Zeitung" sagte Winkelmeier: **„Ich habe bei dem Betreiber der Appartements angerufen, daß die Fenster geschlossen bleiben." Eine Nachbarin bestätigte: „Danach haben wir nichts mehr gehört."**

Der Linkspolitiker, gelernter Werbekaufmann, mußte nach BILD-Informationen seinen Kollegen im Landesvorstand gestehen, daß er auch Anzeigen für die „Hostessen" bearbeitet und in Zeitungen geschaltet habe.

Die Bundestagsfraktion der Linkspartei hat den Abgeordneten mit großer Mehrheit aufgefordert, sein Mandat niederzulegen. Wenn nicht, will sie möglicherweise schon morgen sei-

Bild, 13. Februar 2006

mit ‹tabulosen Girls›», und nun ist der verblüffend gute Ruf der *Bild*-Zeitung dahin.

Was war geschehen? *Bild* hatte das Mietverhältnis zwischen drei Prostituierten und ihrem Vermieter, der ein Bundestagsmandat der Linkspartei innehat, zur Staatsaffäre aufgebauscht und dazu allerlei Geräusche sittlicher Entrüstung ausgekeucht und abgerufen. «Bundestags-Vizepräsidentin Susanne Kastner (SPD) zu *Bild*: ‹Ich bin geschockt. Herr Winkelmeier sollte den Anstand besitzen, den Bundestag zu verlassen.› Katharina Reiche (CDU): ‹Ich bin empört, daß ein Mitglied des hohen Hauses von Prostitution profitiert. Dieser Fall zeigt ein hohes Maß an Doppelmoral.› Christine Scheel (Grüne): ‹Das ist ja wohl das letzte. Daß ausgerechnet ein Abgeordneter der Linkspartei Wohnungen an Prostituierte vermietet – wo sich die Partei doch sonst gegen die sexuelle Ausbeutung von Frauen stark macht.›»

Daß ausgerechnet eine Abgeordnete der Grünen, die sich für die Rechte von Prostituierten stark machen, ausgerechnet in der *Bild*-Zeitung erklärt, es sei «ja wohl das letzte», Wohnungen an Prostituierte zu vermieten, wäre ulkig genug – nach Ansicht dieser grünen Klein Erna gehören Huren, wenn sie sich schon nicht zur Putzfrau umschulen lassen wollen, gefälligst auf den Straßenstrich und nimmermehr in ein Appartement mit Wasseranschluß, Zentralheizung und elektrischem Licht, und wer den Bordsteinschwalben trotzdem eine Wohnung vermietet, der stehle weinend sich aus dem Bundestag und sei verstoßen tausendfach: Christine Scheel lehnt die sexuelle Ausbeutung von Frauen ab, setzt sich parteiprogrammgemäß für die soziale Absicherung von Prostituierten ein und spuckt in *Bild* vor einem Hausbesitzer aus, der auch Huren eine Wohnung vermietet. Was Christine Scheel natürlich niemals getan hätte. Achtkantig hinausgeschmissen hätte sie die Nutten. In einer von Christine Scheel regierten Welt müßten alle Huren wieder auf der Straße anschaffen gehen, und es gäbe keine Bordelle mehr. Gut, daß man das weiß.

Doch es kommt noch besser: Erst am späten Montag abend blätterte Katharina Reiche (CDU) in *Bild* ein paar Seiten weiter und machte bei der Lektüre der Rubrik «Telefon-Service» die bestürzende Entdeckung, daß die *Bild*-Zeitung nur so getan hatte, als ob sie der *Osservatore Romano* sei: «Arbeitsloses Girl hat viel Zeit und will Sex» stand da zu lesen. «Egal von wem! Ich brauche es ständig und hart! Ruf mich an!» Katharina Reiche gingen schier die Augen über, als sie las, wer in ihrem Leib- und Magenblatt so alles seine Dienste feilbot: «STÄNDIG GEILE TEENIES (19+)», «Versaute Türkin, zu allem bereit», «FRECHES BIEST – BESSER ALS DEINE FRAU», «Devotes Luder will benutzt werden», «ANNA, 60, REIF & HEISS» …

Gegenüber dpa hat Katharina Reiche ihrer Wut inzwischen Luft gemacht: «Ich bin empört, daß Kai Diekmann als Herausgeber der *Bild*-Zeitung von devoten Ludern profitiert. Dieser Fall zeigt ein hohes Maß von Doppel-, nein, von Quadrupelmoral!» Die Bundestags-Vizepräsidentin ist auf Katharina

Reiches neue Linie eingeschwenkt. Susanne Kastner zur *taz*: «Ich bin geschockt. Herr Diekmann sollte den Anstand besitzen, den öffentlichen Raum zu verlassen.» Diesem Appell hat sich auch Christine Scheel von den Grünen angeschlossen: «Das ist ja wohl das letzte. Daß ausgerechnet ein Herausgeber, der über einen Puff-Politiker herzieht, Anzeigenraum an versaute Türkinnen verkauft – wo sich *Bild* doch eben erst für die Freundschaft mit dem Türkentum stark gemacht hat.»

Wird Kai Diekmann untertauchen? Lebenslänglich tragen wird er, wo er auch steckt, einen neuen Ehrentitel, denn wenn ein Politiker, zu dessen Mietern drei Prostituierte gehören, in *Bild* als «Puff-Politiker» geschmäht werden kann, wird man wohl auch einen Journalisten wie Kai Diekmann, dessen Zeitung Geld mit «geilen Teenies» macht, getrost als «Puff-Journalisten» bezeichnen dürfen. Davon wird er nicht mehr loskommen, der Puff-Journalist Kai Diekmann. Mein Ehrenwort als Puff-Journalisten-Beobachter.

Die Kehrtwendung der geschockten Politikerinnen gegen *Bild* war leider nur die satirische Übertreibung des Schweigens, in das sie sich, nach der Bekundung ihres Abscheus vor dem «Puff-Politiker» im führenden Bistumsblatt des Puff-Journalismus, gehüllt hatten: In Wirklichkeit würde sich kein MdB mit politischen Zukunftshoffnungen so beherzt von *Bild* distanzieren.

Drei Tage später trug der *taz*-Anwalt Jonny Eisenberg nach, daß

> den Schmierern verboten wurde, den Bundestagsabgeordneten Gert Winkelmeier (der Mann erwarb einen Teil eines Vielwohnungshauses, in dem in zwei Einheiten Wohnungsprostitution betrieben wurde) mit dem Wort «Puff-Politiker» zu belegen. Den Scheinheiligen aus dem Rot-Grün-Lichtmilieu des Deutschen Bundestages, den *Bild*-Zitier-Callgirls Kastner (SPD, Bundestags-Vize, fühlte sich laut *Bild* «geschockt») und Scheel (Grüne, findet laut *Bild* «Das ist das Letzte!»), die W.'s Rücktritt verlangten, rufen wir in Erinnerung, dass unter tätiger Mitwirkung der beiden die rot-grüne Koalition im Jahre 2000 das «Prostitutionsgesetz» verabschiedet hat. Dieses Gesetz stellt «das Schaffen eines angemessenen Arbeitsumfeldes» für Huren ausdrücklich außer Strafe und sittlicher Mißbilligung und schützt den Bestand entsprechender Verträge. Der gute W. hätte deshalb die Mietverträge gar nicht aufheben können. Das haben diese Charakterschweine «vergessen», ihren *Bild*-Lesern mitzuteilen.

«Mit über zwölf Millionen Lesern täglich ist uns auch die Verbreitung der christlichen Glaubensbotschaft ein ernstes Anliegen», hatte Kai Diekmann, wir erinnern uns, im Vatikan verlautbart und war kurz darauf, als versierter Puff-Journalist, an seinen Arbeitsplatz zurückgekehrt, um neben dem spirituellen Interesse der *Bild*-Leser auch wieder ihr sexuelles an rasierten Transen, von Kampfhunden vergewaltigten Hausfrauen und mit Nuttendiesel aromatisierten Skandalgeschichten zu befriedigen. In einer der deutschen entfernt verwandten Sprache mokierte sich *Bild* am 14. Februar 2006 über den Abgeordneten Winkelmeier: «‹Das Interesse der Bürgerinnen und Bürger liegt mir besonders am Herzen›, preist Gert Winkelmeier auf seiner Internet-Seite an. Gehören dazu auch die sexuellen Interessen?»

Solche Fragen könnte man, im gleichen Brustton der Entrüstung, Kai Diekmann stellen: Gehören auch die von ihm arrangierten «Bumskontakte» zur Verbreitung der christlichen Glaubensbotschaft? Was ist anrüchiger, die Aushebung eines Bordells durch Puff-Journalisten in Tateinheit mit der Zertrümmerung der Laufbahn eines Politikers oder ein legaler Mietvertrag? Und was ist selbst das Betreiben eines Bordells, mit Karl Kraus gesprochen, gegen «die Sensationsfütterung der ehrlosesten Presse, die unter dem Vorwand der moralischen Entrüstung ihren Lesern die ihnen entgangenen Voyeurfreuden annähernd zu ersetzen trachtet»?

Beflaggt worden waren die «Schmuddel-Vorwürfe» (*Bild*) mit einem vierfarbigen, extraordinären Hängebrustbild inklusive Brustwarzenpiercing und der Unterzeile «Eine Dame aus dem Freudenhaus zeigt ihre volle Pracht». So sieht es aus, wenn *Bild* ein wahrhaftiges Bündnis der Kulturen aufbaut. Und so liest es sich, wenn dazu im Kommentarkasten ein gewisser Dirk Hoeren unter der Überschrift «Raus mit dem Puff-Politiker!» die volle Pracht seines meinungsbildnerischen Muskelspiels demonstriert:

Seite 2 * BILD-BUNDESAUSGABE * 14.

Bild **Kommentar**

Raus mit dem Puff-Politiker!

Von Dirk Hoeren

Das ist an Dreistigkeit kaum noch zu überbieten! Der Linkspartei-Abgeordnete Winkelmeier will wegen seiner Bordell-Affäre zwar die Fraktion verlassen, aber sein Mandat behalten.

Der Mann beschädigt mit seinem Verhalten das Ansehen des Deutschen Bundestages.

Wer sich von den Bürgern als linker Saubermann wählen läßt, aber mit dem Rotlicht-Milieu sein Geld macht, für den kann es nur eins geben: die rote Karte!

Herr Winkelmeier, Sie haben das wichtigste Gut eines Abgeordneten verloren: Ihre Glaubwürdigkeit.

Deshalb: Raus aus dem Bundestag mit dem Puff-Politiker!

***Bild*, 14. Februar 2006**

«Raus aus dem Bundestag mit dem Puff-Politiker» – und hinein mit der «Skandal-Beichte» eines prominenten Hurentreibers in die reifen & heißen Spalten der *Bild*-Zeitung: «Im Bordell ließ ich es gerne blubbern» («Heiner Lauterbach – So wild trieb ich's im Puff»).

***Bild*, 17. Februar 2006**

Das sind die rechten Saubermänner, die das Ansehen des Deutschen Bundestages schützen, ohne darüber ihren Terminhandel mit den dicken Eiern eines Axel-Cäsar-Springer-Darstellers zu vernachlässigen. Dirk Hoeren hatte recht: Das ist an Dreistigkeit kaum noch zu überbieten. Da fällt einem nichts mehr ein. Oder doch – Toms und Huckleberrys Staunen über die Kaltblütigkeit des Indianer-Joe, als der den Mord, den er begangen hatte, Muff Potter in die Schuhe schob:

Huckleberry und Tom standen dabei, stumm, mit großen Augen, und hörten, wie der hartherzige Lügner gelassen seine Aussage machte; sie erwarteten jeden Augenblick, Gott werde aus dem blauen Himmel einen Blitz auf sein Haupt herabschleudern, und wunderten sich nur, wie lange der Einschlag auf sich warten ließ. Als der Indianer-Joe danach immer noch lebend und unversehrt dastand, erlosch der Impuls, der sich leise in ihrem Innern geregt hatte, ihren Eid zu brechen und den armen verratenen Potter zu retten; denn offensichtlich hatte sich jener Bösewicht dem Teufel verschrieben, und es wäre verhängnisvoll gewesen, mit jemandem anzubinden, der solche Macht besaß.

Im Januar 2001 warf *Bild* dem grünen Umweltminister Jürgen Trittin vor, daß er 1994 bei einer Demonstration in Göttingen mit Bolzenschneider und Schlagstock unterwegs gewesen sei, und veröffentlichte zum Beweis ein unscharfes Foto, das Trittin im Beisein eines unter Schlagstockverdacht gestellten Taus und eines unter Bolzenschneiderverdacht gestellten Handschuhs zeigte. Er sei ja von der *Bild*-Zeitung schon einiges gewohnt gewesen, hat Trittin später gegenüber dem *Magazin* der *Süddeutschen Zeitung* erklärt. «Zum Beispiel hatte sie mal behauptet, ich hätte mit meinem Dienstwagen einen Stau verursacht, nur weil ich am Straßenrand Croissants kaufen wollte. Aber dieses verfälschte Foto mit dem angeblichen Schlagstock und dem Bolzenschneider, das schlug alles [...] Ich habe mich dann mit Chefredakteur Kai Diekmann verbinden lassen, und der hat wohl erkannt, dass *Bild* hier zu weit gegangen war. Jedenfalls machte er einen Rückzieher und hat sich bei mir entschuldigt.»

Und fortan lief die Verbindung zwischen dem exkommunistischen grünen Spitzenpolitiker und seinem zerknirschten Exrufmörder so geschmiert, daß Jürgen Trittin sich bereits im Sommer 2001 dazu bereit fand, als Grüßaugust in *Bild* ein persönliches Wort an die Leser zu richten: «Grüße an die *Bild*-Leser aus Bonn. Hier verhandeln über 100 Staaten, wie die Klimakatastrophe zu verhindern ist. Deutschland hat dabei eine wichtige Rolle. Viel Arbeit für den Umweltminister. Urlaub gibt es erst später. Ihr Jürgen Trittin».

In einem etwas älteren Brief hatte ein deutlich jüngerer Jürgen Trittin die Jusos und die DKP attackiert, weil die sich, anders als die Mitglieder des Kommunistischen Bundes, bei einer Demonstration in Hamburg dem «Diktat» und den «diskriminierenden Auflagen» des SPD-Senats «gebeugt» hätten; nachzulesen in *Konkret* 11/1980. So wild trieb es Trittin als Revolutionär, bevor er sich als netter Wetterfrosch in *Bild* vernehmen ließ. In *Konkret* 9/2001 hat Hermann L. Gremliza dem vielbeschäftigten Umweltminister einen kurzen Nachruf gewidmet: Es habe einmal eine Zeit gegeben, in der man sich nicht geschämt hätte, von Jürgen Trittin auf offener Straße gegrüßt zu werden, aber diese Zeit sei seit Trittins Grüßen an die *Bild*-Leser vorbei.

Was übrigbleibt, ist harte Kleinarbeit für *Bild*-Reporter: «Würgeschlange beißt Mädchen (10) blutig», «Mandy steht auf scharfe Büchsen», «Penis-Opfer hat wieder einen geilen Hammer» ... Gerne genommen werden auch der Bauchspeicheldrüsenkrebs eines Skispringers, die Scheidung eines Fernsehmoderators, der die Teilnahme an einem flotten Dreier eingesteht, und die Erzählungen jedes halbseidenen Kavaliers, der nach dem Genießen nicht schweigt, sondern seine Memoiren verbricht und das Vorabdruckrecht an *Bild* verkauft: «Als ich mich wieder zu ihr drehte, hatte sie schon ihre Bluse ausgezogen. ‹Jetzt du›, hauchte sie. Ich höre den Rhythmus unserer nassen Körper.» Und der Volkskörper hört mit. Nur die Vertreter aller mit *Bild* im Bunde stehenden Körperschaften des öffentlichen Rechts hören geflissentlich über solche Nebengeräusche hinweg.

Das feuchteste Traummaterial werfen Sexualverbrechen ab. Als eine Minderjährige im Februar 2006 aus der Wohnung ihres Kidnappers befreit worden war, hätte *Bild* am

Mandy steht auf scharfe Büchsen

Hobbyschützin Mandy (24) aus Suhl (Thüringen) ist ein echter Biathlon-Fan! Und deshalb weiß sie auch, daß die Jungs aus dem Osten die schärfsten Büchsen haben. Solche mit extralangem Lauf! Kein Wunder, schwärmt Mandy, daß da jeder Schuß ein Treffer ist!

Bild, 15. Februar 2006

liebsten alles ganz genau gewusst, vom Opfer persönlich: «Polizei befreit entführte Schülerin aus den Händen eines Sex-Täters – Stephanie, *was* hat er Dir angetan?»

Bei der Formulierung dieser Schlagzeile waren Profis am Werk, denn *Bild* wird ja nicht von Dilettanten verfasst, die nicht wüßten, wie das gehen soll, das Opfer eines «Sex-Täters» in einer knackigen Überschrift mitleidvoll anzusprechen und zugleich die Phantasie der Leser zu beflügeln, die nach einer exakten Schilderung des Tathergangs schmachten. «Stephanie, *was* hat er Dir angetan?»

Ja, *was* denn nur? So macht man das.

Zusatzfrage, 16. Februar 2006: «Wer ist das Sex-Monster?»

Vier Tage danach veröffentlichte *Bild* das riesengroße Foto einer Frau, die dem von *Bild* als «Sex-Monster» und «Kinderschänder» lange vor Prozeßbeginn verurteilten Untersuchungshäftling eine günstige Sozialprognose ausgestellt hatte: «Stephanies Vergewaltigung – Diese Gutachterin ließ ihn laufen».

Schnappt sie euch! Die nächste wird sich gut überlegen, ob sie das Reuebekenntnis eines Sexualstraftäters beglaubigen sollte, denn seit *Bild* regiert und Papst ist, haben Gutachterinnen eine schlechtere Presse als eine Verlegerin, die in Deutschland frei herumlaufen darf, obwohl jedermann weiß, daß sie ihre Milliarden der *Bild*-Berichterstattung über Menschenfresserprozesse, scharfe Büchsen und von Würgeschlangen blutig gebissene Mädchen verdankt. *Bild*, 22. Februar 2006: «Stundenlang kaut er mit dem Richter jedes Detail noch einmal durch – Findet der Kannibale seinen Prozeß geil?» Ist es nicht die Aufgabe eines Richters, im Gespräch mit einem Angeklagten Detailfragen zu klären, ohne Rücksicht auf den Redaktionsschluß der *Bild*-Zeitung und die Ungeduld eines Reporters, der sein Urteil bereits gefällt hat? Und findet Friede Springer es geil, eine Zeitung zu verlegen, die ihrerseits die blutigsten Details abermals durchkaut und auswürgt?

«Er grinst ständig und reibt sich auf der Anklagebank vor Freude die Hände! Armin Meiwes (44) scheint es tatsächlich zu genießen, über jedes noch so abscheuliche Detail seiner Menschenschlachtung zu plaudern!» So wie *Bild*. «Der Richter: ‹Sie haben mal gesagt, daß viel von dem Fleisch sehr zäh war und Sie es später zu Hackfleisch verarbeitet haben.› Meiwes: ‹Ja, als Hackfleisch war es nicht mehr so zäh. Ich habe es auch anders versucht, aber da wurde es so trocken. Als Frikadellen ging es am besten.›»

Da horchte der gelangweilte Gerichtsreporter auf. Der Angeklagte hatte sein Opfer unter Ausschluss der Öffentlichkeit zu Hackfleisch verarbeitet und verzehrt. In *Bild* ist das Hackfleisch journalistisch weiterverarbeitet und an eine genäschige Kundschaft verfüttert worden, in würzigen Informationshäppchen, ohne daß in China vor Scham ein Sack Naturreis umgefallen wäre oder in Berlin ein Bundeskabinettsmitglied.

Und immer, wenn man glaubt, absonderlicher gehe es nicht mehr, kommt die neueste *Bild*-Zeitung daher. 23. Februar 2006: «Ein neues Buch schockiert das englische Königshaus ... Camillas erster Sex mit Charles, die bizarren Tampon-Gespräche, der schlimme Streit mit Diana – Geschichten, die die Queen gern verheimlicht hätte.»

Verheimlicht ist gut. Wozu sind eigentlich Palastmauern, Zinnen und Schlafzimmertüren da, wenn dahinter nichts verheimlicht werden darf und sich davor ein Rudel klebriger Paparazzi um den aussichtsreichsten Tribünenplatz vorm jeweils nächsten Schlüsselloch balgt? Besser als das Haus Windsor ist das Haus Springer gegen solche Sexspione gewappnet: Der Ankauf der Geschichte über Camillas ersten Sex mit Charles hat sich für Friede Springer finanziell gelohnt, doch sie selbst hat nichts zu befürchten. Anders als Camillas erster Sex mit Charles ist Friedes erster Sex mit Axel für *Bild* kein Thema. Was die saubere Verlegerwitwe ihrerseits recht gern verheimlicht, das wird selbst von den Verwaltern ihrer dicksten Bumskontaktsirene totgeschwiegen. Die in Camillas Fall um so schriller aufheulte: «Camilla befriedigt Charles hinter einem Sofa im Schloß. Ein Sicherheitsbeamter sieht alles. Camillas Ehemann Parker Bowles weiß alles und ist sogar stolz darauf. Charles und Camilla treiben es sogar in Dianas Bett.» Und es gab noch mehr zu sehen und zu wissen. «Morgen lesen Sie: Charles schwört Camilla ewige Treue – und heiratet Diana. Er entjungfert sie dort, wo er vorher mit Camilla schlief».

Auch in Großbritannien existieren Dreckblätter, und ein jeder kehre vor seiner eigenen Kloschüssel, aber es wäre doch verständlich gewesen, wenn die Royal Air Force diesen Rülpser aus dem deutschen Blätterwald mit einem Luftangriff auf die Springer-Hochhäuser in Hamburg und Berlin vergolten hätte. Dann wäre es *Bild* verwehrt geblieben, der Menschheit am 24. Februar 2006 auch noch folgendes unter die Nase zu reiben:

> Beide Akteure sind nicht nachhaltig beeindruckt. Charles, durch Camillas unermüdlichen Einsatz ein Experte in Liebesdingen, vertraut einem Freund an: «Es war nichts Besonderes. Natürlich war es angenehm, aber sie ist so unglaublich naiv. Es war deutlich, daß sie wirklich überhaupt keine Erfahrungen im Schlafzimmer hatte.» Und die junge Ehefrau ist nur von des Thronfolgers Unersättlichkeit beeindruckt: «Er will es ununterbrochen. Ich weiß gar nicht mehr, was ich mit ihm machen soll. Großen Spaß bereitet es mir nicht.» Nach der Hochzeitsreise vertraut Charles seiner immer noch geliebten Camilla an: «Sie roch immer ein bißchen nach Kotze.»

Nicht nach «Katze», was ja auch schon schlimm genug gewesen wäre, nein – bei ihrer Entjungferung durch den briti-

Nach der Hochzeitsreise vertraut Charles seiner immer noch geliebten Camilla an: *„Sie roch immer ein bißchen nach Kotze."*

Morgen lesen Sie

Charles und Camilla treiben's in Dianas Bett

„Camilla", Diana-Verlag, 464 Seiten, 19,95 Euro. Ab nächste Woche im Handel

Bild, 24. Februar 2006

schen Thronfolger soll dessen Braut, laut *Bild*, «nach Kotze» gerochen haben.

«Es muß Lebensbereiche geben, die uns heilig sind und die möglichst frei sein sollten von geschmacklosem Spott oder Schmähkritik.» Das hatte der CDU-Abgeordnete Reinhard Grindel in seiner Hymne auf *Bild* im Bundestag von sich gegeben. Aber als Kai Diekmann sich in einem königlichen Ehebett breitmachte und eine Schmähkritik des Körpergeruchs der Braut bei ihrer Defloration unters Volk brachte, gab der brave Herr Grindel keinen Piepslaut ab.

Auf dem Umweg über den Straßenverkauf und vollkommen legale finanzielle Transaktionen verliert die Kotze einer Königin der Herzen nach und nach ihren Geruch, bis sie eines Tages als Parfüm in die Nase eines Ministers aufsteigt, der Friede Springer beim Presseball einen Handkuß gibt. Andere Bestandteile der Kotze haben in veredelter Gestalt den Gaumen des Weinkenners Mathias Döpfner gekitzelt, und wieder andere hat Kai Diekmann sich in die Haare geschmiert. Was bei der Veröffentlichung noch geknallt und gestunken hat, verwandeln die Alchemisten in der Gerüchteküche am Axel-Springer-Platz in geruchsfreies Bargeld und sodann in jede lieferbare Ware. Aber selbst Diekmanns Haartolle, Döpfners Mundwerk und Friede Springers langem Atem wird immerfort, auch nach der säuberlichsten Reinigung, das Odeur des Erbrochenen einer Prinzessin anhaften, in dem sich *Bild* im Frühjahr 2006 gesuhlt hat.

«Morgen lesen Sie: Charles und Camilla treiben's in Dianas Bett». Super. Und was lesen wir heute?

«POLINNEN BILLIG & WILLIG», «+++ ESTLAND-MODELLE +++ DIE SCHÖNSTEN DER WELT», «***Megaheiße Citymäuse*** ...»

Und für die ganz Doofen: «Unbefriedigte Millionärsgattin (42) aus Berlin sucht Mann für erotische Treffs aller Art. Anonym!»

Was die *Bild*-Zeitung leistete, als die Citymäuse von heute noch gar nicht geplant waren, hat Günter Wallraff im Februar 1980 in *Konkret* dokumentiert. «Aus Angst vor Frühjahrsputz: Hausfrau erschlug sich mit Hammer», meldete *Bild* am 30. April 1979 auf der Titelseite. «Einmalig, diese Art, sich umzubringen …» Vier Tage später beging auch der Witwer Selbstmord und hinterließ zwei Briefe:

Meine lieben Kinder!

Nach dem Tode von Mutti war mein Schmerz unsagbar groß. Wir hatten noch viele gemeinsame Pläne. Euch wollten wir natürlich auch noch unterstützen und ich hätte Euch noch viel helfen können.

Ich hatte mir fest vorgenommen weiter mit Dieter durchs Leben zu gehen. Aber seit der Geschichte mit Bild bin ich total zerbrochen. Ich wollte zuerst diesen Verbrecher der Kathmann heißt umbringen. Aber Ihr sollt keinen Vater als Mörder haben. Durch meinen Tod aber ist er zum Mörder geworden.

Ich konnte so einfach nicht mehr unter die Leute gehen.

Ich kann einfach nicht weitermachen.

An die Justiz!

Man darf solche skrupellosen Leute von Bild nicht frei herumlaufen lassen, sonst morden sie immer weiter und zerstören noch mehr Familien. Sie machen ihren Profit mit Zerstörungen von Familienglück und Mord. Kann es größere Verbrechen geben?

Wir waren immer eine ehrenhafte Familie. Daß meine Frau an einer schweren Krankheit litt, der sie letzten Endes erlag, darf man einfach nicht so in den Schmutz ziehen.

Es tut mir unsagbar leid, aber seit das mit der Bildzeitung passiert ist, weiß ich einfach keinen Ausweg mehr. Die Schande kann ich nicht überwinden. Ich klage die Bildzeitung des Mordes an. Besonders den Verbrecher und Lügner Kathmann. Wer etwas Ehrgefühl und Anstand hat, sollte dieses Lügenblatt nicht kaufen, dann müßten diese Verbrecher verhungern.

In meiner Jackentasche befindet sich ein Brief an meine Kinder. Bitte meinem ältesten Sohn Wolfgang zukommen lassen.

Den Brief habe ich schon am Dienstag geschrieben. Habe immer wieder versucht, mich aufzurichten, ist mir aber leider nie gelungen. Bin zum ersten Mal in meinem Leben vollkommen hilflos, hätte nie geglaubt, daß so etwas möglich ist.

Karl K.

Nach Wallraffs Recherchen war der Witwer von einem *Bild*-Reporter aufs Kreuz gelegt worden:

Er erweckte den Eindruck, er komme von der Polizei, seine Aufgabe sei es, Selbstmordfällen nachzugehen und sich ganz allgemein damit zu befassen. [...] Eine Stunde lang täuschte er Karl K., dann hatte er genug Nebensächlichkeiten und Äußerlichkeiten aus ihm herausgeholt, um das *Bild*-Klischee mit der «Angst vor dem Frühlingsputz» ausfüllen zu können. Die wirklichen Hintergründe des Selbstmords waren für *Bild* nicht schlagzeilenträchtig genug. Frau K. war seit 15 Jahren nach einem Kindbettfieber gemütskrank, hatte bereits mehrere Selbstmordversuche hinter sich und war nach Klinikaufenthalten in ständiger ärztlicher Behandlung gewesen. Die Todesursache wurde einer miesen und billigen Schlagzeile wegen ins rein Abstruse hin verfälscht, Frau K. hatte sich erdrosselt, nachdem sie sich in ihrem Todestrieb zuvor mit einem Hammer verletzt hatte.

Axel Springer aber wurde 1979 in New York von der Stiftung «Appell des Gewissens» als «Mann des Gewissens» geehrt.

Seewolf Raimund Harmstorf in der Psychiatrie, berichtete *Bild* am 2. Mai 1998. Tags darauf erhängte sich Raimund Harmstorf. Im Juni 2002, anläßlich des 50. Geburtstags der *Bild*-Zeitung, rollte Gudrun Staeb, die frühere Lebensgefährtin des Schauspielers, den Fall im *Magazin* der *Süddeutschen Zeitung* auf:

Der Freitagabend bevor sich Raimund das Leben nahm, war seit langer Zeit mal wieder ein schöner Abend für uns. Ich hatte eingekauft, das Haus beheizt, einfach alles wieder ein bisschen in Gang gebracht. Am nächsten Tag wollten wir über das Wochenende an den Bodensee fahren. Um ein bisschen Abstand zu gewinnen und uns anzuschauen, was wir liebten: Wasser und Segelschiffe. Wir hatten den Monat davor beide in Kliniken verbracht. Am 5. April war ich wegen eines äußerst schmerzhaften und komplizierten Bandscheibenvorfalls in das Krankenhaus eingewiesen worden; am nächsten Morgen wurde Raimund mit einer Medikamentenvergiftung eingeliefert. Er hatte Parkinson und seine größte Angst war, dass es jemand bemerken würde. Denn der Seewolf durfte kein Parkinson haben. Der musste mit einer Hand eine rohe Kartoffel zerdrücken können.

Deshalb nahm er Medikamente, die Parkinson-Symptome, wie das Zittern, unterdrückten. Und er nahm wahrscheinlich viel zu viel – immer, wenn er dachte, er würde mit Menschen zusammentreffen, selbst bevor er einkaufen wollte. Das ging seit vielen Monaten so und Raimunds ganzes Wesen hatte sich verändert. Er war gehetzt und getrieben. Erst nachdem er in die Klinik eingeliefert worden war, erfuhr ich von den Nebenwirkungen der Medikamente: Angstzustände, Wahnvorstellungen, Psychosen. Deshalb ist er, auch als die akute Vergiftung schon ausgestanden war, freiwillig in klinischpsychiatrischer Behandlung geblieben. Nach vier Wochen ging es ihm wesentlich besser und er durfte das Krankenhaus für ein Wochenende verlassen. Ich bin am selben Tag aus der Klinik entlassen worden und habe ihn abgeholt. Wir sind nach Hause gefahren, haben uns vor den Kamin gesetzt und viel geredet. Irgendwie schien er nach den Monaten, in denen er von seiner Angst, entdeckt zu werden, fast besessen war, wie erlöst. Er hatte sein Gleichgewicht wieder ein wenig gefunden und ich schöpfte Hoffnung, dass wir diese wirklich schwierige Zeit ausgestanden hätten. Doch ich irrte mich.

Am nächsten Morgen klingelte es. Ich war gerade im Badezimmer, also machte Raimund die Tür auf. Kurze Zeit später kam er die Treppe nach oben gerannt, total außer sich, und hielt mir die Kopie der ersten *Bild*-Seite entgegen: «Seewolf Raimund Harmstorf in der Psychiatrie». Auf einer anderen Seite, ebenfalls kopiert, kam dann ein kurzer Abriss seines Lebens, zusammengeschrumpft auf Unfälle und persönliche Niederlagen. «Mit aufgeschnittenem Handgelenk aufgegriffen», stand da und noch ein paar Sachen, die einfach gelogen waren. Ein Reporter von der *Bunten* hatte diese Kopien gebracht – warum Kopien, weiß ich auch nicht –, aber Raimund sagte nur: «Das kann doch nicht wahr sein, das muss ein schlechter Scherz sein.» Es klingelte noch einmal; diesmal machte ich auf. Wieder stand dieser Mensch vor der Tür, mit der *Bild* unterm Arm, und er sagte: «Herr Harmstorf hat mir nicht geglaubt. Deshalb hier das Original.»

Das Telefon klingelte jetzt ununterbrochen, Journalisten riefen an, um mit Raimund zu sprechen. Er riß den Stecker aus der Wand, dann steckte er ihn wieder rein, weil vielleicht ein Freund oder Bekannter anrufen würde. Ich weiß noch, wie er zu einem sagte: «Das ist doch mein Todesurteil.» Raimund hatte die Vorhänge runtergelassen, denn auch vor der Tür standen mittlerweile die Reporter. Das war wie eine Belagerung, der absolute Wahnsinn. Und wir waren damit allein, in die Klinik konnte Raimund auch nicht mehr. Zu viele Journalisten, hatte sein Arzt gewarnt.

Um etwas Normales zu tun, habe ich abends angefangen, etwas zu kochen. Spargel mit Kartoffeln. Nach ein paar Minuten kam Raimund in die Küche gehetzt: «Jetzt bringen sie die Bild-Geschichte auf RTL», rief er. Er fragte mich dann: «Ist das mein Leben? Habe ich denn nie Theater gespielt und Filme gedreht?»

Wir sind dann ziemlich früh ins Bett gegangen und von dem, was in der Nacht passiert ist, habe ich nichts mitbekommen. Denn wir haben uns wie immer Ohropax in die Ohren getan. Ich habe außerdem noch ein ziemlich starkes Schmerzmittel genommen, weil mir die Bandscheibe unheimlich wehtat. Ich weiß nur noch, dass ich vor dem Einschlafen seine Hand genommen habe. Als ich dann am nächsten Morgen so gegen sechs aufgewacht bin, war der Platz neben mir leer. Leer und kalt.

Nicht alle Journalisten, die automatisch auf jeden von *Bild* als Patienten einer psychiatrischen Klinik geouteten Prominenten Jagd machen und die betreffende Klinik belagern, sind bei Springer angestellt. Das ist das Vorrecht einer Elite, die nach Mathias Döpfners launiger Definition von «cultural sensitive piranhas» gebildet wird. Von Piranhas weiß man, daß sie sich im Schwarm auf ihr Beutetier stürzen und es bei lebendigem Leibe auffressen, in enormer Geschwindigkeit und so säuberlich, daß kein Gramm Fleisch mehr übrigbleibt. Und dennoch schwimmen Springers feinfühligen Vertretern der Piranhakultur beständig unzählige aasfressende Pißfische hinterher, die auch einmal eine Gräte abnagen möchten. Das sind die sozial und finanziell schlechter gestellten Journalisten, die es nur zur freien Mitarbeit für die *Mopo*, den *Stern* oder ein sogenanntes Format im Vorabendprogramm eines privaten Fernsehsenders gebracht haben und dort im Windschatten des Leitmediums *Bild* Rotzlöffeliges über Urinproben, Spermiendrehzahlen und Körbchengrößen von Prominenten absondern. Und auch die Redakteure seriöser Tageszeitungen greifen täglich drei- bis fünfmal verschämt ins Klo und warten mit den vermischten Meldungen auf, daß ein Hollywoodstar aus diesem und jenem uninteressanten Grund mit seiner Exfrau schmolle und daß irgendein Popsänger wasserscheu oder Bettnässer sei.

Mit der Engelsgeduld, aber ohne die Tierliebe eines Alfred Brehm hat Max Goldt diese Bewohner des Urschlamms der Medienlandschaft beschrieben: «An sich handelt es sich bei den ‹junk journalists› um respektable Allerweltsmenschen.

Vor hundert Jahren wären sie Pferdekutscher oder Näherin geworden. Doch sie leben heute und haben daher Abitur und fühlen sich somit für normale Tätigkeiten unumkehrbar überqualifiziert. Sie könnten so wunderbar Kartoffeln schälen, aber sie wollen urteilen und durchschauen, Menschen von vermeintlichen Podesten stoßen, nachweisen, daß alle nur mit Wasser kochen ...»

Im Frühjahr 2002 hängten in der Schweiz aktive Gossenjournalisten Gerüchte über einen angeblichen Seitensprung eines Schweizer Botschafters an die große Glocke, und als dessen Frau nach diesem «Sex-Schock» (Kai Diekmann) eine Fehlgeburt erlitten hatte, stieg auch *Bild* in den Bottich: «Sex-Schock – Baby verloren – Sorge um Frau des Botschafters», meldete *Bild* am 13. April 2002 auf Seite 1 und fragte: «Wird sie nie wieder glücklich?»

● Sex-Schock ● Baby verloren ● Sorge um Frau des Botschafters

Wird sie nie wieder glücklich?

Botschafter-Gattin Shawne Fielding Borer

***Bild*, 13. April 2002**

> Berlin – Das Glück von Shawne Fielding-Borer (32) liegt in Trümmern. Sie verlor ihr Baby. Muss jetzt ganz schnell die Botschaftswohnung räumen. Und der Sex-Skandal um ihren Mann, den Schweizer Botschafter Thomas Borer-Fielding

(44), lodert weiter: Botschafter-Luder Djamile will Beweise für die angebliche Affäre vorlegen ... Wird die schöne Botschafter-Gattin je wieder glücklich?

Na warte, dachte ich, als ich auf einem Hamburger Boulevard über dieses Exkrement gestolpert war, das Kai Diekmann einer um ihr totes Kind trauernden Mutter hingerieben hatte: Das kriegst du wieder, Kaischi, du Liebes-Schuft!

Von meiner Replik, die am 8. Mai 2002 in der *taz* erschien, fühlte Kai Diekmann sich so «schwer in seinem Persönlichkeitsrecht verletzt» und «in seiner Intimsphäre beeinträchtigt», daß er 30 000 Euro Schmerzensgeld dafür einzuklagen versuchte. Zu lernen ist daraus, daß selbst ein mit den Tränen der Mutter eines totgeborenen Kindes gemästeter Goliath «Aua» sagen kann, wenn ihn ein Wurfgeschoß aus einer Davidsschleuder touchiert. Mit den Scherben seines zersplitterten Glaskinns zog Kai Diekmann vors Berliner Landgericht, aber die Zivilkammer 27 erkannte am 19. November 2002 für Recht, daß Diekmanns Antrag auf Zahlung von Schmerzensgeld unbegründet sei:

Das Gericht hatte davon auszugehen, dass es Inhalt des Artikels nicht war, der Kläger habe tatsächlich eine im Ergebnis missglückte Operation an seinem Genital vornehmen lassen. Zwar mag ein nicht unerheblicher Teil der Leser des Artikels angenommen haben, dass der Artikel in seinem Kern, d. h. im Hinblick auf die reine Operation am Genital, zutrifft, auch wenn die Leser diejenigen Informationen, die den Kern umranken (z. B. die – auffallend geringe – Höhe der Schadenersatzklage, die – zumindest nicht ernst gemeinte – Gründung eines Fan-Clubs und die – anatomisch nicht nachvollziehbare – Mitteilung, «Dr. Jaenicke schleckte sich lachend über den Adamsapfel»), für erfunden oder für über- bzw. untertrieben gehalten haben. Indessen wird ein ebenfalls nicht unerheblicher Teil der Leser davon ausgegangen sein, dass auch der Kern des Artikels erfunden ist und jeder tatsächlichen Grundlage entbehrt.

Weiter hieß es in der Urteilsbegründung: «Vor allem aber spricht gegen das Bedürfnis für eine Geldentschädigung, dass der Kläger Chefredakteur der *Bild*-Zeitung ist.» Was für ein wunderbarer, schnurgerader Satz: «Vor allem aber spricht gegen das Bedürfnis für eine Geldentschädigung, dass der Kläger Chefredakteur der *Bild*-Zeitung ist.» Es gibt noch Richter in Berlin.

Die Kammer hält dafür, dass derjenige, der – wie der Kläger – bewusst seinen wirtschaftlichen Vorteil aus der Persönlichkeitsrechtsverletzung anderer sucht, weniger schwer durch die Verletzung seines eigenen Persönlichkeitsrechtes belastet wird. Denn er hat sich mit Wissen und Wollen in das Geschäft der Persönlichkeitsrechtsverletzungen begeben und wird daher – nach allgemeinen Regeln menschlichen Zusammenlebens – davon ausgehen, dass diejenigen Maßstäbe, die er anderen gegenüber anlegt, auch für ihn selbst von Belang sind. Dies gilt vor allem dann, wenn, wie vorliegend, der Angriff auf ihn durch die eigene Rechtsverletzung motiviert ist. So knüpft der angegriffene Artikel an den persönlichkeitsrechtsverletzenden Journalismus des Klägers an (erster und vorletzter Absatz des Artikels) und nimmt genau diesen Journalismus kritisch aufs Korn.

Dieses Urteil ist rechtskräftig. In einem Interview mit *Hürriyet* hat Kai Diekmann später erklärt: «Der Prozeß gegen die *taz* war der größte Fehler meines Lebens.» Denn: «Zeitungen aus ganz Europa kamen zu dem Prozeß, ich wurde überall zum Gespött.» Doch das ist Kai Diekmann keine Lehre gewesen. Er setzte seine unterleibsenthüllungskünstlerischen

Aktivitäten fort, als ob nichts geschehen wäre. Den nächsten Versuch, mäßigend und belehrend auf Kai Diekmann einzuwirken, habe ich im Oktober 2005 mit der Veröffentlichung seiner privaten «SEX-Akte» in der *Titanic* unternommen.

Die SEX-Akte Diekmann
Olàlà: Der Bild-Chef ganz intim!

Kulturstandort Deutschland, 25. August 2005: «Unglaubliche Anschuldigung gegen Giulia Siegel – Ist Tommy Haas für sie nur ein Sex-Spielzeug?» Das fragte sich, in fetten Lettern, *Bild*, diese größte europäische Anstalt für die Befriedigung des allgemeinen Bedürfnisses nach Fickgeschichten und übler Nachrede, und schlug im Kleingedruckten einen fast staatsmännisch besorgten Ton an: «Giulia Siegel (30) und Noch-Ehemann Dr. Hans Wehrmann (43), der Prügel-Skandal auf Ibiza und die Trennung – es wird immer schmutziger, verworrener …»

Und dabei könnten doch kein Prügel-Skandal auf Ibiza und kein Sex-Spielzeug jemals so schmutzig und verworren sein wie die Moralbegriffe einer Redaktion, die zur Belustigung eines Sensationspöbels Leuten die Bettdecke wegreißt, und einer Bourgeoisie, die es sich in solch einer monströsen Bedürfnisanstalt kannibalisch wohl sein läßt, Kolumnen schreibt, Interviews gibt, Urlaubsgrüße entbietet und keinen Anstoß daran nimmt, daß das Gesocks dort öffentlich mit Blut und Sperma gurgelt und im Gewerbe des Ausleerens königlicher Nachttöpfe und des Umkrempelns von Prominentenunterhosen eine marktbeherrschende Position ergattert hat. Auf Seite 1 werden Menschen in die Jauchegrube geworfen und im Kommentar auf Seite 2 die Werte des christlichen Abendlandes angerufen, und weiter hinten, in der Abteilung «Telefon-Service», hält *Bild* die Hand fürs Kleingeld auf und vermittelt «private Bumskontakte». Ach, der heiligste von unsern Trieben, warum quillt aus ihm die grimme Pein? Und welches Neandertalergehirn mag sich dafür die bestialische Vokabel «Bumskontakte» ausgedacht haben? Und wie kann's angehen, daß in der umsatzstärksten Hinterlassenschaft des wertkonservativen Verlegers Axel Cäsar Springer «Bumskontakte» a) angeprangert und b) annonciert werden dürfen?

Weil's halt Geld bringt. Und dafür bringen Springerjournalisten viele Opfer. Im Prozeßgetümmel um das unbewiesene Sexualverbrechen eines armseligen Fernsehkaspers hat *Bild* beglückt dessen «Sex-Akte» ins größte europäische Töpfchen gedreht, die Wurst genüßlich breitgetreten und sich selbst von oben bis unten damit beschmiert. «Türck-Prozeß – Neue SEX-Enthüllung», dröhnte *Bild* am 26. August. «Hat Katharina B., das angebliche Vergewaltigungsopfer von TV-Moderator Andreas Türck, schon wenige Tage danach Sex mit einem flüchtigen Bekannten gehabt? Ein neuer Zeuge sagte gestern gegen Katharina B. aus.»

Denn das wollte die deutsche Kulturnation aus der Zeitung, die ihr am instinktsichersten aufs Maul schaut, ja nun doch schon etwas genauer wissen – angeblich vergewaltigt und schon wenige Tage danach Sex mit einem flüchtigen Bekannten? Ja, wo leben wir denn? Da könnte ja jede kommen und sich angeblich vergewaltigen lassen, ohne einem Volk, das Papst ist, Rede und Antwort über ihre sonstigen privaten Bumskontakte zu stehen! Gegenüber dem Recht einer freien Presse, das Intimste als Sensationsmeldung auszukoffern, und dem Recht einer nationalen Schweinehorde, bis ins kleinste über das Liebesleben eines angeblichen Vergewaltigungsopfers informiert zu werden, wiegt dessen unantastbares Recht auf Menschenwürde vergleichsweise gering, und *Bild* wird zweifellos bis zum letzten Atemzug der sittenfesten Konzernherrin Friede Springer den Standpunkt verteidigen, daß jetzt aber auch wirklich restlos alle Titten auf den Tisch gehörten, selbst auf die Gefahr hin, daß die bloßgestellte und durch sämtliche Konzernpissoirs geschleifte Frau B. sich weiteren Demütigungen durch Selbstmord entziehen könnte.

Presserechtlich verantwortlich für die Schweinerei solcher Enthüllungen ist ein gewisser Kai Diekmann, zu dessen besten Freunden ein leibhaftiger Altbundeskanzler gehört, der diesem gegenwärtig europaweit führenden Enthüller und Vermittler von Bumskontakten sogar als Trauzeuge dienlich war, im altehrwürdigen Hamburger Rathaus, nachdem er uns im Zuge einer geistig-moralischen Wende die 0190er Stöhnfernsehwerbung beschert hatte. Da ist es kein Wunder, daß auch der Papst den umtriebigen Bumskontaktmann Diekmann zur Audienz empfangen hat. Und auch Gerhard Schröder und Jürgen Trittin kriechen vor diesem Bettlakenvampir zu Kreuze und aalen sich in der Suppe, die er täglich neu aus Blut, Schweiß, Tränen, Spermien und Vaginalsekreten braut und einem Mob, der wissen will, was Boris Becker in der Besenkammer getrieben hat und wie lange Andreas Türck braucht, um eine Frau aufzureißen, als Lebenselixier verkauft, und selbst der Häuptling einer radikalen Linkspartei steht geistig, gesellschaftlich und geschäftlich in regem Verkehr mit der bemerkenswert flott vom Entlarven, Ausbrüllen, Begeifern und Annoncieren privater Bumskontakte lebenden Sexklatschbase Kai Diekmann.

Lehrreich wäre es für diesen größten Fickgeschichtenerzähler, den die europäische Literaturgeschichte verzeichnet, wenn er wieder einmal selbst in die Schlagzeilen geriete und endlich alles ins Gesicht zurückgespritzt kriegte, was er den Opfern seines beruflichen Werdegangs mit der brutalen Zurschaustellung und dem publizistischen Ausschlecken ihres Genitalbereichs und ihrer Bettwäsche angetan hat. Wie ist Kai Diekmann im Bett? Hat er jemals Sex mit flüchtigen Bekannten gehabt? Oder immer nur in die Röhre gekuckt, wenn seine Kumpels sich mit ihren Bumskontakten brüsteten? Geht ihm einer ab, wenn er daran denkt, wie er die Vergangenheit der Katharina B. durch den Schmodder seiner Profession gezerrt hat? Was macht Kai Diekmann scharf? Hat er am Ende eines Tages ohne neue Sex-Enthüllungen Orgasmusschwierigkeiten? Was empfindet er beim Anblick der Latex-Luder im Inseratenteil seiner Zeitung? Ist es wahr, daß er sich schon wenige Tage nach seiner Ernennung zum Chefredakteur keinen runtergeholt hat? Man wird ja wohl noch fragen dürfen. Und das interessiert einen doch, bei einem Mann, dessen journalistische Spürnase nun schon so oft in Dieter Bohlens Unterhose etwas gewittert hat. Stimmt es, daß Kai Diekmann heterosexuell ist und drei Arschbacken besitzt? Die Öffentlichkeit will es jetzt endlich wissen. Hosen runter! Heraus mit der Sex-Akte Diekmann!

Im Auftrag von *Titanic* haben führende Privatdetekteien weltweit 2,3 Milliarden geschlechtsreifen Frauen ein Foto von Kai Diekmann vorgelegt und sie gefragt, ob sie mit diesem Mann schon einmal einen Bumskontakt gepflogen hätten, und wenn ja, ob Kai Diekmann für sie nur ein Sex-Spielzeug gewesen sei. Das Ergebnis der Umfrage ist niederschmetternd: 2,999 999 Milliarden Frauen haben ihre Unschuld beteuert, und nur eine einzige alte kurzsichtige thailändische Reisbäuerin räumte ein, daß sie sich ihrer Sache da nicht ganz so sicher sei.

Wär's möglich, daß Kai Diekmann als oberster Ausposauner privater Bumskontakte seinerseits noch eine Jungfrau ist und diesen Umstand schamlos vor aller Welt verheimlicht? Es wird immer schmutziger, verworrener. Wir haben Herrn Dr. med. Eduard Hofspaten gefragt, einen Sexualwissenschaftler, der in seiner Privatklinik in Linz Geisteskranke zu therapieren versucht, die sich zwanghaft in das Geschlechtsleben ihrer Mitbürger einmischen.

Titanic: Herr Dr. Hofspaten, bei uns in Deutschland gibt es eine Tageszeitung, die …

Hofspaten: Schon klar.

Titanic: Und an deren Spitze steht ein Mann, der …

Hofspaten: Ja, der Kai Diekmann, auf den wart' ich noch. Wissen S', ich praktizier hier jetzt seit 1953, seit ich die Klinik von meinem Vater übernommen hab, und der hat hier schon ausgeschiedenes Personal von der *Stunde* und vom *Stürmer* behandelt, und da werd ich auch den Diekmann noch verkraften.

Titanic: Halten Sie Kai Diekmann für therapierbar?

Hofspaten: Das hängt allein vom Eisengehalt seines Willens ab. Schaun S', der Mann ist ja nicht verrückt, der verdient sich doch doof und dämlich, solang er in anderer Leut' Schamregion Schlitten fährt. Zu mir kommen nur die alten Huren des Betriebs, die auf ihre alten Tage Betschwestern werden wollen, und denen stell ich dann ihr Zertifikat aus, daß sie ab sofort auch in der Meinungsspalte herumhuren dürfen. Menschenskinder, dafür krieg ich doch mein Geld, daß ich das möglich mache!

Titanic: Ach? Und von wem?

Hofspaten: Das geht Sie gar nichts an.

Titanic: Aber Sie haben doch eben gesagt …

Hofspaten: Ich sag jetzt überhaupt nichts mehr.

Aha, aha, aha! Hat der BND seine Finger im Spiel? In welchen Kanälen ist die Sex-Akte Diekmann verschwunden? Was verschweigt Friede Springer? Ist sie mehr als ein Sex-Spielzeug? Hat sie jemals Sex mit flüchtigen Bekannten gehabt? Und was würde ein privater Schwanzvergleich zwischen Kai Diekmann und Mathias Döpfner ergeben, den obersten Herren der Berichterstattung über das Geschlechtsleben einer möglicherweise vergewaltigten Frau, die sie von Kiel bis Dresden an ihren Schamhaaren durch die Gosse gezerrt haben?

Zwei Zentimeter mehr darüber im nächsten Heft.

Ernsthafter äußerte sich der demissionierte Bundesarbeitsminister Walter Riester gegenüber *Panorama*: «Die *Bild*-Zeitung», sagte Riester, «hat damals einen Aufreißer gemacht, ‹Zwangsrente Riester›, den Begriff müssen Sie sich mal vorstellen, ‹Zwangsrente Riester›, und gleichzeitig meine Pressesprecherin angerufen: Wir hatten für morgen schon den Titel geplant: ‹Wann fliegt Riester?› Wir möchten aber noch ein Exklusiv-Interview machen. Dann werden wir diese Schlagzeile nicht bringen.» Und Riester hatte pariert. «Ich habe mich furchtbar geärgert, daß ich dieses Exklusiv-Interview dann gemacht habe. Nicht wegen dem Interview, das ist in Ordnung. Ich will ja meine Position erklären, aber wegen der Drohung, die dahinterstand.»

Riester irrt sich: Auch ohne die dahinterstehende Drohung wäre es nicht «in Ordnung» gewesen, daß er seine Position in einem Exklusiv-Interview mit den Estlandmodellvermittlern der Springer-Presse zu klären versuchte. Minister sollten sich auch aus freien Stücken nicht mit Puff-Journalisten herumtreiben. Sachdienlich ist aber Riesters Bericht über das erfolgreich an ihm verübte Erpressungsmanöver. Außer Walter Riester hat sich niemand groß darüber aufgeregt. Unter «ferner liefen» sei auch dieser Umstand einer Bauklötze staunenden Nachwelt mitgeteilt.

Am 14. März 2006 verschlangen die Schlagzeilen «Diese Ekel-Eltern! Sie drehten Pornos mit ihrer Tochter (12)» auf Seite 3 in *Bild* mehr Quadratzentimeter, als einem Käfighuhn an Wohnfläche zur Verfügung stehen, und im Fließtext wurde mit bemerkenswerter Liebe zum Detail zitiert, was «die schöne Kerstin (12, heute 19)» («Name des Opfers geändert») vor Gericht als Zeugin der Anklage ausgesagt hatte.

KERSTIN: «Ich mußte mich ausziehen, übers Bett kriechen, mich überall streicheln. Ich sollte mich mit einem Kuscheltier berühren, als ob es die Hand von jemandem anders ist. Ich mußte mich zur Musik ausziehen, tanzen, mich räkeln. Später kam dann Holger dazu. Ich mußte ihn von oben bis unten abküssen und ihm einen runterholen. Er hat mich zwischen den Beinen geleckt, mir sein Ding rein gesteckt, so zwei Zentimeter.»

Nach mehr davon lechzende Pädophile sahen sich – «Prozeß wird fortgesetzt» – auf ein anderes Mal vertröstet. Vorläufig musste zur Anregung ihrer Träumereien die Information genügen, daß ein minderjähriges Mädchen dazu gezwungen worden sei, sich auszuziehen, übers Bett zu kriechen, sich überall zu streicheln, sich mit einem Kuscheltier zu berühren, als ob es «die Hand von jemandem anders» sei, zu tanzen, sich zu räkeln, einen Mann von oben bis unten abzuküssen, ihm einen runterzuholen, sich von ihm zwischen den Beinen lecken zu lassen und sein Ding hineingesteckt zu kriegen.

Das ist schon allerhand in einem Staat, der Kinderpornographie gesetzlich verboten hat. Zum Glück für Deutschlands Kinderfreunde genießt *Bild* bei allen Staatsorganen hohen Respekt. Daß es «politischer Selbstmord» sei, sich mit der *Bild*-Zeitung anzulegen, hat schon Helmut Schmidt erklärt, also ein Mann, der immerhin einer Sturmflut, der Stamokap-Fraktion, der RAF, dem Kanzlerkandidaten Franz Josef Strauß, dem Ostblock und der Friedensbewegung getrotzt hat. Keinem Staatsanwalt ist es eingefallen, gegen Kai Diekmann wegen der Verbreitung von Kinderpornographie zu ermitteln, denn er hat das ausgezogene, kriechende, tanzende, sich streichelnde und sich räkelnde, einen Mann abküssende, ihm einen runterholende und sein Ding reingesteckt kriegende Mädchen den Lesern schließlich nicht vorgesetzt, um sie sexuell zu stimulieren, sondern um ihr Mitleid mit dem nackten, zur Berührung mit einem Kuscheltier genötigten und zwischen den Beinen beleckten Opfer skrupelloser «Ekel-Eltern» zu erregen.

«Junge (5) stirbt in Gülle-Rührwerk», meldete *Bild* am 15. März 2006.

Geteiltes Leid mag halbes Leid sein, wenn Angehörige und Freunde eines teuren Toten sich an dessen Grab versammeln. Die Familie jenes Jungen durfte ihre Trauer mit zwölf Millionen Feinschmeckern teilen, denen ohne *Bild* die besten Appetithappen vom Leichenschmaus entgangen wären: «Rostock – Ein Junge (5) aus Vietschow (Mecklenburg-Vorpommern) wollte auf dem Bauernhof seines Vaters bei der Düngerproduktion zugucken. Er beugte sich über die Antriebswelle des Rührwerks, verhedderte sich mit seiner Jacke und wurde durch die Wucht der Maschine zu Boden geschleudert. Tot! Die Staatsanwaltschaft ermittelt gegen den Vater.»

Und nicht gegen Kai Diekmann, der die presserechtliche Verantwortung für die Verwertung dieses Todesfalls im Gülle-Rührwerk trägt.

Bild, 17. März 2006: «FOLTERGEFÄNGNIS ABU GHRAIB – Sie haben auch Frauen gequält» – «Eine Gefangene muß sich entblößen!» Nicht allein in Abu Ghraib, sondern auch in *Bild*: «‹3.44 Uhr, 29. Oktober 2003. Frau posiert für Foto.› So nüchtern der Kommentar, mit dem US-Ermittler diesen Schnappschuß aus dem Folterknast Abu Ghraib versahen, so explosiv ist das Bild dazu. Es beweist: Im berüchtigtsten Gefängnis des Irak wurden auch Frauen gequält und mißbraucht.» Das explosive Bild dazu bewies, daß die entblößten Brüste einer im Folterknast gequälten Frau vortrefflich ins Layout des Leitmediums der Arsch- und Tittenpresse paßten, als kleiner Augenschmaus zwischen Titelmieze und Bumsfallera: «REIFE SPALTE (64) IST NOCH GEIL!»

Am selben Tag äußerte sich der krebskranke Rudi Carrell im *SZ-Magazin* über die mediale Aufbereitung seines bevorstehenden Todes:

Ich hatte der *Bunten* ein ehrliches Interview gegeben. Na gut, ich habe versucht, den Krebs etwas herunterzuspielen. «Ich habe zwar eine schwere Krankheit», habe ich gesagt, «aber ich lebe, habe keine Schmerzen, kann arbeiten.» Und was hat die *Bild*-Zeitung daraus gemacht? Haarausfall, schwer abgenommen! Ich war stinksauer. Und dann diese schlimmen Fotos: Ich fand die ganze Sache nicht fair – mir gegenüber und Hunderttausenden, die Angst vor einer Krebsvorsorge haben oder selbst vor einer Chemotherapie stehen.

SZ-Magazin: Hat sich die *Bild*-Zeitung bei Ihnen entschuldigt?

Carrell: Nein, obwohl ich mich schriftlich beim Chefredakteur beschwert habe: «Ich lasse mich von euch nicht lebendig begraben!» Am nächsten Tag hieß die Schlagzeile: «Rudi lacht den Krebs aus!» Am Tag darauf: «Rudi tapfer!» So versucht sich die *Bild*-Zeitung zu entschuldigen.

SZ-Magazin: Haben Sie eine Antwort auf Ihren Brief bekommen?

Carrell: Ja. «Sie wissen doch, wir sind Ihre größten Fans!», hat Kai Diekmann zurückgeschrieben. Zwei Tage zuvor hatte er noch meinen Tod herbeigesehnt.

Als das ans Licht kam, bereitete Kai Diekmann schon die Schlagzeilen für den 18. März vor: «Deutschlands wildeste EHE!» – «ER wollte den schnellen BMW behalten. Und SIE ihre seidene Unterwäsche. Am Ende steckte ein Kugelschreiber in seinem Hals!»

In derselben Ausgabe pries *Bild* ein neues «Himmelsgeschenk» an – die «Immendorff-Bibel von *Bild*», limitiert «auf 105 000 Exemplare» («Das Buch mit Goldprägung und Lederoptik kostet nur 19,95 Euro, ist über 1000 Seiten dick und 2,5 Kilo schwer»). Der moribunde Malermeister, dem auf seine alten Tage nichts mehr heilig war, tat sich für den Vertrieb dieser «hochwertigen Familienbibel» mit dem Springer-Verlag und dem Bertelsmann-Club zusammen und ließ sich – gleich neben der Schlagzeile «Sex-Stöhnen löst Polizeieinsatz aus» – in *Bild* mit den Worten feiern: «Der Künstler ist ein Revoluzzer, ein 68er, der sich hier öffnet.» Da kann der Michelangelo zusperren.

«*Bild*-Chefredakteur Kai Diekmann (41): ‹In diesem Werk dokumentiert Immendorff die Faszination der Sinnsuche: Woher kommen wir, wohin gehen wir, was ist das alles?›» Das fehlte noch, daß Kai Diekmann im reiferen, um nicht zu sagen heißeren Alter zu philosophieren anfängt, statt die Hosen vibrieren zu lassen. Für die letzten Fragen und die Faszination der Sinnsuche ist immer noch Helge Schneider zuständig, und der kann es besser als Diekmann:

Was heißt das: Menschen … Leben … Existenz … was ist das? Wer sind wir? Wo kommen wir her? Wer seid das ihr? Wo gehen wir hin? Ist unser Leben nicht eine aneinandergereihte Reihe von Ereignissen? Sind wir nicht Gene? Oder sogar Genetike? Was sind wir denn? Sind wir denn mehr wert, ist der Mensch mehr wert wie der Wurm? Wie die Amöbe? Das Geschnetz? Die Suppe? Was heißt das eigentlich: Weltraum? All? Gestirn? Erde? Mond? Wolken? Sind wir nicht entstanden aus – aus etwas ganz Bestimmtem? Aus einer Zeit, die wir nicht kennen? Aus Urzeiten? Kommen wir nicht sogar aus Urzeiten? Es ist so einfach: Da ist der Mensch, erst als Schnecke vielleicht, vorher, kleiner, sagen wir mal so wie so 'ne Laus, mit tausend Füßchen und ganz bösem Gesicht – mit einer bösartigen, giftigen Flüssigkeit benetzt er den Erdball …

Von Helge Schneider könnte Kai Diekmann viel lernen.

Ende März 2006 ließ sich eine sozialdemokratische Politikerin auf ein Interview mit dem zum Springerkonzern gehörenden «Hit-Radio Antenne 1» ein, einem Sender fürs Geschnetz, und wurde mit der Frage überrumpelt, ob sie jemals einen Orgasmus vorgetäuscht habe. Die Existenz von Interviewern,

Erste:

Politikerin beichtet Orgasmus-Lüge!

Heute vor Millionen Radio-Hörern

Baden-Württembergs SPD-Spitzenkandidatin Ute Vogt

Von wegen Politiker reden ungern über ihr Privatleben ...

Drei Tage vor der Landtagswahl in Baden-Württemberg überrascht die SPD-Spitzenkandidatin Ute Vogt (41) mit einer freizügigen Beichte!

In einem Radio-Interview gibt sie heute vor Millionen Radio-Hörern zu, schon einmal einen Orgasmus vorgetäuscht zu haben. Die ungewöhnliche Beichte, was die Politikerin dazu sagt – Seite 2

Bild, 23. März 2006

die mit solchen Fragen öffentlich an eine Politikerin herantreten dürfen, ohne links und rechts geohrfeigt zu werden, ist auf den gesunden Appetit der Wühlmäuse des Hauses Springer zurückzuführen, die sich 1968 ff. mit dem Fundament der christlich-abendländischen Ordnung den Bauch vollgeschlagen und dann so getan haben, als ob alle «Werte» von den 68ern zerfressen worden wären. Ein Reporter, der den Bundeskanzler Kiesinger gefragt hätte, ob er jemals einen Orgasmus vorgetäuscht habe, wäre 1968 im Orkus entsorgt worden. Im frühen 21. Jahrhundert sieht die Sache anders aus: Eine Landespolitikerin der SPD akzeptiert die Frage, beantwortet sie leichthin und findet sich anderntags auf Seite 1 der *Bild*-Zeitung wieder: «Erste Politikerin beichtet Orgasmus-Lüge!»

An dieser Lüge hat sich das Leitmedium einige Tage lang gütlich getan und darüber weder Angelina Jolies «Sexverbot für Brad Pitt» noch Daniel Küblböcks «Intimrasur-Beichte» unterschlagen. Post erhielt die Politikerin von dem delirierenden *Bild*-Kolumnisten Franz Josef Wagner: «Sie können doch nicht Lust heucheln, wenn Sie ein Weichei im Bett haben. Entweder man schmeißt das Weichei aus dem Bett oder man kuschelt mit ihm, weil man es lieb hat. Emanzipierte Frauen spielen kein Theater. In meinem Bett will ich nur echte Frauen haben.» Und zu allem Übel eilte der Hamburger Weihbischof Hans-Jochen Jaschke (64) herbei, um in derselben Ausgabe ein Statement zu Immendorffs *Bild*-Bibel abzugeben: «Diese *Bild*-Bibel macht Freude und Spaß.»

Sagte der Weihbischof, in der *Bild*-Zeitung vom 24. März 2006, bevor er das Wort wieder an die Luder aus der Rubrik «Telefon-Service» abtrat: «Hose auf!» Und: «Bei mir kommst du garantiert!» Und: «Sau mich voll!»

Wer bringt sie uns zurück, die wie ein Rauch vergangenen

Tage, als die Weihbischöfe ihre Sünden noch in aller Heimlichkeit begingen und sich nicht ungestraft «mit Freude und Spaß» im Gossendreck flegelten?

Am 28. März 2006 gratulierte *Bild* der TV-Moderatorin Sabine Christiansen zu ihrer neuen Liebe. Wer sein Privatleben privat lebe, werde nicht behelligt, hatte Kai Diekmann hoch und heilig erklärt, aber als Sabine Christiansen sich zwischen zwei Fernsehterminen ins Privatleben zurückzog, hechelte das Leitmedium ihr hinterher. «*Bild* wollte wissen: Was schätzt Sabine Christiansen an ihrem neuen Lebensgefährten? Ihr Sprecher Michael Ortmanns gestern zu *Bild*: ‹Über private Angelegenheiten spricht Frau Christiansen grundsätzlich nicht.›»

Keine Antwort ist auch eine Antwort in einer privaten Liebesaffäre, auf die Kai Diekmann sage und schreibe vier verschiedene Top-Rechercheure angesetzt hatte. Sie hießen Guido Brandenburg, Marc Lucas, Kristina Poehls und Detlef Wos. Eingeheimst haben sie bei ihrem Beutefeldzug die Information, daß der «neue Lebensgefährte der Talkmasterin» so und so heiße, da und da lebe und die und die beruflichen Tätigkeiten versehe; zusammengefasst also dit und dat, was alle außer ihm und ihr einen feuchten Käse anging.

Von Sabine Christiansens Künsten als Journalistin kann man halten, was man will, aber niemand hat das Recht, sich in ihr Privatleben einzumischen, auch wenn sie sich hundertmal mit diesem oder jenem Lebensgefährten im Blitzlicht gezeigt haben mag. In einem offenen Brief an Sabine Christiansen vertrat ein Autor der *Süddeutschen Zeitung* am 29. März 2006 eine abweichende Rechtsauffassung: «Liebe Sabine Christiansen, wie dem überlauten Rauschen der

Bäume am Boulevard der Regenbogenblätter zu entnehmen ist, sind Sie frisch verliebt und ‹sooo glücklich!› Sooo mit drei o und einem Ausrufezeichen hinter dem Glück. Einen Neuen sollen Sie an Ihrer Seite haben.» Und in diesem krampfhaft süffisanten Tonfall ging es weiter und weiter:

Sechs Monate, nachdem die Sache mit dem letzten Neuen ein bisschen alt aussah, planen Sie angeblich bereits einen «Liebesurlaub» mit dem Pariser Modemacher Norbert Medus, dem Gründer einer trendigen Jeansmarke, der so zurückgezogen agiert, dass selbst *Bild* auf die ansonsten zwingend notwendige Altersangabe verzichtete und nur auf ein verschwommenes Schwarz-Weiß-Bild verweisen konnte. [...] Indes gibt es trotzdem Anlass zu Befürchtungen. Bevorzugten Sie in Sachen Männer bislang nämlich eher eine zuverlässige Kombination aus gediegenen Typen der Marken Grau- und Zweireiher, so scheint es nun, als hätten Sie Ihr großes Herz an einen verschenkt, der es in Sachen Kleidung eher salopp meint [...] Bitte lassen Sie Ihren Norbert nicht Ihren Modegeschmack beeinflussen. Wägen Sie wohl, ob er es mit der deutsch-französischen Liaison ehrlich meint oder ob er vielleicht doch nur ein neues Modell sucht, um seine Golden-Ager-Kollektion vorzuführen. Widerstehen Sie, gnädige Frau.

So sind die Glossen beschaffen, die Kai Diekmann dazu berechtigen, *Bild* als Leitmedium zu preisen: Höhö, die «gnädige Frau» hat sich, wie man einander im Lokus erzählt, einen «Neuen» angelacht und ist «frisch verliebt», hihi, haha ... die alte Schachtel und ihr Modemacher ... «Liebesurlaub», hähähä ...

Der Weg ins Schlafgemach der Moderatorin war dem zu Scherzen aufgelegten Glossisten von Kai Diekmanns Bettwanzen gebahnt worden. Schicklicher und satirisch ergiebiger wäre es gewesen, die Wanzenspur zurückzuverfolgen, bis zu ihrem Ausgangspunkt im Springer-Hochhaus. Diese kleine Freiheit habe ich mir am 3. April 2006 auf der Wahrheitseite der *taz* erlaubt.

SEX-Terror gegen Friede Springer
Auch Miß Gosse hat einen perversen Verehrer – Traumhochzeit unwahrscheinlich

Zu den einfachsten Übungen eines Journalisten, der mit der «Goldenen Feder» ausgezeichnet werden möchte, gehört es, den Namen und das Foto einer prominenten Person auf irgendeine Weise mit dem Schlagwort «SEX» zu kombinieren, so wie *Bild* es am 31. März 2006 wieder einmal getan hat, auf Seite 1: «SEX-Terror gegen Eva Herman» («MISS TAGESSCHAU ZEIGT NACKT-FOTOGRAFEN AN»).

Irgendein dummes Schwein hatte die Nachrichtensprecherin mit obszönen Briefen bemustert. Eva Herman wollte davon nichts wissen und erstattete Anzeige. *Bild* hingegen wollte alles so genau wie möglich wissen und ganz Deutschland über einen Fall informieren, der ja sonst nur einer für die Akten eines Amtsgerichts gewesen wäre. Eva Herman wollte jemanden, der sie belästigte, abschütteln und zum Schweigen bringen. *Bild* hingegen stöberte ihn auf und brachte ihn zum Reden: «Wer ist dieser Mann? Graue, gescheitelte Haare, Bierbauch, er trägt Turnschuhe. In seiner 1-Zimmer-Sozialwohnung gibt es keine Bücher, kaum Möbel. Dafür an der Wand 20 Aktfotos.» Der ideale *Bild*-Leser also. «Unheimlich: Auf dem Fernseher steht ein großes Farbporträt von Eva Herman (40 x 30 cm). Gegenüber *Bild* gibt er zu: ‹Klar, ich wollte sie fotografieren. Sie ist doch ein so hübsches Weib.›» Und: «Es gab auf beiden Seiten tiefe Emotionen.»

Hätte der Mann seine Briefe an Friede Springer gerichtet, wäre ihm wohl kaum in *Bild* das Wort erteilt worden. «Er ver-

Bild, 31. März 2006

folgte sie, er schrieb ihr E-Mails, schickte Briefe. Mit widerlichem, sexistischem Inhalt.» Gerichtet an Eva Herman, nicht an Friede Springer. «Am 12. April muß er vor Gericht. Auch die E-Mails und Faxe werden dort verlesen.» Der *Bild*-Herausgeber Kai Diekmann freut sich schon darauf. «Eine Gerichtssprecherin: ‹Da geht es um Briefe mit ganz unzüchtigem Inhalt. Sogar das böse Wort mit ‹f***› kommt vor.› Eva Herman ist völlig schockiert, wollte gegenüber *Bild* nichts sagen.»

Na, da schau her! Was das wohl für ein Wörtchen sein mag? Friede?

Dieser Ansicht scheint ein junger Mann zu sein, der auf seiner Internetseite freimütig über seine Liebe zu Friede Springer berichtet. Wer ist dieser Mann? Grauer Schnäuzer, Lepra im Endstadium. Er trägt hochhackige Schuhe. In seinem Dresdener Mietklo gibt es keine Gemälde von Jörg Immendorf, kaum Personal. Dafür an der Wand breitgeschlagene Spinnen. Unheimlich: Auf einem Marmorsockel steht eine gigantische Nacktskulptur der Verlegerwitwe. Gegenüber der Wahrheit gibt der Hausherr zu: «Klar, ich habe sie modellieren wollen. Sie ist doch ein so hübsches Weib.»

Nach eigener Aussage hat er Friede Springer schon viele Briefe geschrieben. Mit widerlichem, sexistischem Inhalt. «Was mich richtig scharf macht», sagt er, «ist die Tatsache, daß diese Frau jedes Täßchen Tee, an dem sie nippt, und jede Weinbrandbohne, die sie vertilgt, den Sauereien ihrer *Bild*-Zeitung verdankt. Das ist doch echt pervers. Und gerade das entzückt mich so. Wir könnten ein schönes Paar werden, wir zwei beiden, Friede und ich, mit tiefen Emotionen auf beiden Seiten! Sollten Sie der Dame irgendwo begegnen, dann richten Sie ihr bitte aus, daß in meinem Schlafsack noch ein Plätzchen frei ist für ein hübsches Weib, das weiß, wie man verlegerisch, emotional und finanziell mit Sex-Terror über die Runden kommt!»

Friede Springer ist völlig schockiert, wollte gegenüber der Wahrheit nichts sagen.

Unter der Überschrift «Hausfrau erschießt Ehemann beim Strip» berichtete Bild am 31. März 2006:

Winchester – Sie wollte ihren Mann nur ein bißchen «scharf» machen: Hausfrau Linda West (49) aus England legte eine Shania-Twain-CD auf, räkelte sich und spielte vor ihrem Mann mit einer Flinte. Da löste sich der Schuß, traf Lindas Mann in die Brust. Der Maschinenbauer war sofort tot. Linda steht wegen Mordes in Winchester vor Gericht. Dort führte sie ihren Strip mit einem Besenstiel vor.

Die Witwe führte ihren Strip vor Gericht mit einem Besenstiel vor, und Kai Diekmann führte die Witwe, ihren Strip, den Leichnam ihres Mannes und den Besenstiel einem Premierenpublikum vor, das 50 Cent gezahlt hatte, um auch diesen witzigen Todesfall bekichern zu dürfen.

Leider war die Angeklagte nur eine Hausfrau, der Kai Diekmann auch mit der Angabe ihres Vornamens, ihres Zunamens und ihres Alters nicht dauerhaft aus der Anonymität heraushelfen konnte. Aus der Tragödie des Königs Ödipus wäre mehr zu machen gewesen: «SEX-SCHOCK! Erst VATERMORD, dann BLUTSCHANDE – Sorge um König von Theben – Wird er nie wieder glücklich? Exklusiv-Interview mit Antigone auf Ibiza – S. 5».

Weil Eva Herman nicht mit sich reden ließ, legte *Bild* am 1. April 2006 eine Schippe drauf, publizierte das Nacktfoto einer pummeligen, blonden Daumenlutscherin mit stattlichen Hängebrüsten und verpixeltem Gesicht von der Internetseite des Angeklagten und meldete: «Der irre Nackt-Fotograf und die schöne Miss Tagesschau – So schamlos will er Eva Herman fotografieren». Links daneben das Gesicht von Eva Herman; rechts daneben das blonde Nacktmodell, dessen rechte Brustwarze weniger als einen Zentimeter von dem letzten Buchstaben in Eva Hermans Namen in der Schlagzeile entfernt war: Nach einer oberflächlichen Betrachtung dieses Feuerwerks aus Frauenfleisch und Reizvokabeln wird die eine oder andere Lesermillion sich gefragt haben, welcher Teufel in die schöne Miss Tagesschau gefahren sei – sich so schamlos fotografieren zu lassen! Noch dazu von einem Irren!

Dessen Lebensäußerungen fand die Redaktion so bemer-

Bild, 1. April 2006

kenswert, daß sie ihm abermals das Wort erteilte, und er sagte, daß ihm Eva Herman «viele Zeichen gegeben» habe: «Wenn Frau Herman nicht in manchen Lebenslagen so spontan um sich schlagen würde, dann wären wir heute schon ein verheiratetes Paar.» Und *Bild* hätte von einer weiteren Traumhochzeit berichten können, mit neuen Pikanterien aus dem Munde des kontaktfreudigen Bräutigams.

Lang und schmutzig hatte *Bild* auch von der Hochzeit des TV-Quiz-Onkels Günther Jauch und seiner Braut berichten wollen und einen Schnüffler entsandt, dem es aber nur gelang, Jauchs neunjährige Tochter abzufangen und auszuhorchen. Der Anwalt des Brautpaars setzte die Gossenmedienvertreter schriftlich davon in Kenntnis, daß seine Klienten «keinerlei Berichterstattung über Details ihrer Hochzeit, Örtlichkeiten etc.» wünschten, und kündigte rechtliche Schritte gegen diesem Wunsch zuwiderhandelnde Berichterstatter an.

Postwendend erhob der Verband der Zeitschriftenverleger schärfsten Protest gegen diese Einschränkung der gewohnten Pressefreiheit, ohne Einladung zu jeder Hochzeitsfeier anzutanzen und den Schnorchel in die Sektkelche zu tunken. Ein nicht eingeladener Privatmann, dem von der Anwaltskanzlei des Brautpaars eine deutlich formulierte Ausladung zugefaxt worden wäre, müßte schon außergewöhnlich dumm sein, wenn er sich danach noch öffentlich darüber beschwerte, daß man ihn «absolut fernhalten» wolle. Die ausgeladenen Zeitschriftenverleger aber greinten, daß es «schon etwas verwunderlich» sei, «wenn gerade ein Medienmann wie Jauch, der in seiner Karriere auch davon profitiert hat, daß er über die persönlichen Angelegenheiten von Prominenten berichten konnte, die Medien absolut fernhalten will, wo es um die eigene Person geht».

Mitgefangen, mitgehangen: Wer davon profitiert, daß er sich in den Massenmedien tummelt, der muß auch hinnehmen, daß sich die Massenmedien in seinem Privatleben tummeln und von seiner Hochzeit profitieren wollen. *Süddeutsche Zeitung*, 29. März 2006: «Der Berliner Medienanwalt Johannes Weberling findet, es liege ein öffentliches Interesse an allgemeinen Meldungen über Jauchs Hochzeit vor. Jauch habe ja Aspekte seines Privatlebens, seinen Umzug nach Potsdam, selbst öffentlichkeitswirksam eingesetzt. Damit habe er einen Teil seiner Privatsphäre sozialisiert: ‹Bei seiner Hochzeit will er aber offenbar plötzlich wieder absoluter Privatmann sein.›»

Wer hätte das gedacht, reichlich anderthalb Jahrzehnte nach der Kernschmelze des Ostblocks, daß im freien Westen ein radikaler Fürsprecher der Enteignung und Sozialisierung des Privateigentums jemals wieder groß herauskommen könne, so groß wie dieser «Medienanwalt» aller Großkapitalisten, die es schmerzte, daß sie das Privateigentum eines Medienmanns an seiner Hochzeit nicht vergesellschaften durften. Aus der Sicht solcher Medienmänner durfte keiner der ihren seine Privatsachen als Privatsachen reklamieren und die persönlichste seiner Angelegenheiten davor schützen, daß in der Gosse ein Geschäft aus ihr gemacht wird.

Und die vierte Gewalt hatte sich schon so darauf gefreut, die Zeremonie nach allen Regeln des Gewerbes zu verhackstücken, den Gang zum Altar, das Jawort, den Ringtausch, den Kuß – daß die Brautleute diesen Kuß der ganzen Welt der Voyeure mißgönnten und nicht einmal im Traum daran dachten, wenigstens irgendwem das Exklusivrecht zur medialen Ausschrotung des heiligen Hochzeitsakts zu verkaufen, das verdroß, tief unterhalb der Ebene des Verbandes der Zeitschriftenverleger, auch den *Bild*-Kolumnisten Franz Josef Wagner, und er gab sich, im engen Rahmen seiner Möglichkeiten, alle Mühe, seinen Groll auf den blitzlichtscheuen Bräutigam verständlich zu artikulieren: «Lieber Fernsehstar XY», schrieb Wagner, «Sie schalten gerade Anwälte ein, die Pressemeldungen über Ihre Eheschließung unterbinden sollen. Eine Isolations-Hochzeit ohne Kontakte zur Öffentlichkeit wollen Sie, XY, erzwingen.»

Denn auch Franz Josef Wagner hätte gerne mitgetanzt auf dieser Hochzeit, zu der er nicht nur nicht eingeladen, sondern aus der er, mit allen seinesgleichen, ausdrücklich ausgeladen worden war. Aber wer möchte schon, und gar auf der eigenen Hochzeitsfeier, «Kontakte» zu einer Öffentlichkeit unterhalten, die sich aus Stimmungskillern vom Kaliber Friede Springer, Kai Diekmann und Franz Josef Wagner zusammensetzt?

Die Ausladung dieses Spähtrupps mußte Jauch dann aber doch erst vor dem Berliner Landgericht gegen das geschäftliche Interesse des Springer-Konzerns an der Hochzeitsfeier durchboxen. Selbst die räudigste Promenadenmischung begreift irgendwann, daß sie unerwünscht ist, wenn man sie mit Fußtritten und Steinwürfen regaliert, und sie richtet sich danach und sucht sich woanders ihr Fressen. Die Axel Springer AG hingegen, statt sich nun endlich zu trollen, zerzaust und beschämt, und es hinzunehmen, daß sie nicht die Macht besaß, sich in eine Hochzeitsgesellschaft, die von ihr nichts wissen wollte, hineinzuklagen, kündigte ihren Widerspruch gegen das Urteil an.

Ein Willi Wurzel, der zwischen zwei Bumskontakten vor Gericht erschienen wäre, aufgemacht wie eine typische Frontseite der *Bild*-Zeitung, mit einer barbusigen Titelmieze im Arm, hätte ebenso schlechte Chancen gehabt, seinen Rechtsanspruch auf die Zulassung zur Hochzeitsfeier eines Brautpaars zu erwirken, das lieber ohne ihn feiern wollte. Glücklicherweise gibt es noch Richter in Berlin, die es gewagt haben, die Axel Springer AG wie einen Willi Wurzel zu behandeln und ihr bei Zuwiderhandlung die Forderung eines Ordnungsgelds in Höhe von 250 000 Euro anzudrohen. *Bild* rächte sich dafür am 12. Mai 2006 mit der Schlagzeile: «RIESEN-WIRBEL um seine Traum-Hochzeit – Günther Jauch enttäuscht seine treuen Fans!» Den Wirbel um die Hochzeit hatte *Bild* ganz alleine produziert, mit ebendiesem Aufmacher und Krokodilstränen über Jauchs Gemeinheit, die Allgemeinheit in Gestalt der Axel Springer AG nicht zu seiner Hochzeit einzuladen: «Viele Jauch-Fans sind enttäuscht und traurig, weil der Quizmaster aus seiner Trauung ein großes Geheimnis macht.» Diese «Heimlichtuerei» sei unverständlich: «Aber warum soviel Geheimniskrämerei am schönsten Tag des Lebens?»

Wer es ablehnt, den schönsten Tag seines Lebens ohne schwirrendes Reportergeschmeiß zu verbringen, ist ein «Geheimniskrämer». Das wollen wir uns merken. Jovialer als der Quizmaster Jauch ließ sich der Fernsehstar Dieter Thomas Heck gegenüber einer *Bild*-Klatschkolumnistin ein, nachdem er einen Schlagersänger vor laufender Kamera auf den Mund geküßt hatte. «Huch! Heck von Schleck knutscht Jürgen Drews» – was war denn da nun wieder los? «Berlin. Sie nähern sich. Umarmen sich. Und dann?» Was dann geschah, war folgendes: «Schleck! Schlabber! Schluck ...» In Rußland, sagte Heck zu *Bild*, würden es «die Männer doch immer so» machen. Links daneben staffierte *Bild* die Rubrik mit drei Fotos eines Models aus, dem bei einer Party versehentlich eine Brust aus der Bluse gerutscht war: «Bei ihr hat's plötzlich plopp gemacht!» Einer hoffentlich strenger als die *Bild*-Kolumnisten Mainhardt Graf Nayhauß und Hugo Müller-Vogg über das Abendland und seine Verfallserscheinungen zu Gericht sitzenden Nachwelt seien auch die dazugehörigen Bildunterschriften überliefert: «Ach Gottchen! Bei der 10-Jahre-Jubiläumsparty des *OK*-Magazins in London zog Model Jasmine Lennard blank ... natürlich nur rein zufällig! Husch-husch, ins Körbchen ... Silikon-Mops wieder brav».

Unter der reizvollen Überschrift «Dieser Polizist hat uns im Knast vergewaltigt» machte *Bild* am 4. April 2006 die Connaisseure jener Tränen, die vergewaltigte Frauen vor Gericht vergießen, mit den prickelndsten Passagen der Aussage eines Vergewaltigungsopfers vertraut. «Die Schlosserin unter Tränen vor Gericht: ‹Gegen Mitternacht kam der Wachtmeister in meine Zelle. Ich sollte mich an die Wand stellen, die Beine breit machen. Er wollte mich durchsuchen. Er stand hinter mir, ich spürte seinen Atem im Nacken. Mit zwei Fingern fuhr er in meinen Slip und mißbrauchte mich.›»

Dem Angeklagten drohten mehr als vier Jahre Haft. Dem Reporter, der die *Bild*-Leser mit allen Informationen über die Verrichtungen eines Vergewaltigers zwischen den breitgemachten Beinen und im Nacken seines Opfers versorgt hatte, drohte der überlastete und kummergewohnte Deutsche Presserat nicht einmal mit dem Zeigefinger. Der Presserat hätte viel zu tun, wenn er die gewaltpornographischen Nuancen jeder Reportage aus dem Slip eines Vergewaltigungsopfers rügen wollte.

Gerügt hat der Presserat im frühen 21. Jahrhundert unter anderem, daß ein *Bild*-Reporter den vierzehnjährigen Sohn eines Busfahrers, der am Steuer einen Schlaganfall erlitten hatte, mit Fragen belästigte sowie die «unangemessen sensationelle» fotografische Darbietung der Leiche einer Selbstmörderin, die sich auf einem Friedhof mit Benzin übergossen und angezündet hatte. Da wäre noch genau zu überlegen, wie eine angemessen sensationelle Darstellung der Frauenleiche ausgesehen haben könnte.

Als ein geistig behinderter Mann den Mord an einem Mädchen gestanden hatte, veröffentlichte *Bild* ein Foto des Geständigen, seinen Vornamen und den ersten Buchstaben seines Nachnamens, bezeichnete den Mann als «Killer» und garnierte das Ganze mit der Schlagzeile: «Es war wieder so ein Schwein!» Der Presserat erteilte *Bild* dafür eine Rüge, die aber weder Kai Diekmann noch Mathias Döpfner weh getan zu haben scheint. 2004 stellte *Bild* unter der Überschrift «Hier stirbt Herthas Hoffnung» die Leiche eines Fußballers zur Schau, der während eines Spiels zusammengebrochen und gestorben war. Gegen den Vorwurf, daß es mit der Aufgabe der Presse nicht vereinbar sei, einen sterbenden Menschen zu zeigen, wurde von seiten der *Bild*-Zeitung das Argument ins Treffen geführt, daß der Abdruck des Fotos rechtens sei, weil sich der Spieler, als er starb, nicht in den Grenzen seiner geschützten Intimsphäre bewegt habe.

Wer das Pech hat, zufällig außerhalb der Grenzen seiner Intimsphäre zu sterben, der hätte mit seinem Leben also auch das Recht verwirkt, dem eigenen Tod zu begegnen, ohne sich dabei von zwölf Millionen neugierigen *Bild*-Lesern zuschauen zu lassen, landauf, landab, in allen Mietklosetts und Redaktionen der Republik, wo die *Bild*-Zeitung aufliegt, griffbereit, für die Kanalarbeiter der Stirn und der Faust. Vor der Majestät der Presse wird selbst die des Todes zuschanden.

Als *Bild* 2004 das öffentliche Informationsinteresse an dem Vornamen, dem Alter, dem Beruf, dem Aussehen und dem privaten Umfeld einer Frau befriedigt hatte, die bei einem Verkehrsunfall gestorben war, sollte eine Presseratsrüge mit der Begründung abgewehrt werden, daß schwere Unfälle hin und wieder «personalisiert» dargestellt werden müßten, wenn die Berichte bei den Lesern eine abschreckende Wirkung erzielen sollten. Die Erhöhung der Verkehrssicherheit durch das Schnüffeln in der Wäschetruhe eines Unfallopfers: Wenn man es nicht schwarz auf weiß hätte, würden einem glatt die Worte fehlen bei der Würdigung der hohen, ja hehren ethischen Maßstäbe, an die so ein *Bild*-Reporter sich beim Recherchieren gebunden fühlt. Und nun weiß man endlich auch, wie es in der Redaktion einer modernen, dem Gedanken der Verkehrssicherheit verpflichteten Boulevardzeitung zugeht:

«Chef! Chef! Es hat da wieder so einen Unfall gegeben, auf der Autobahn!»

«O mein Gott! Aber es ist doch wohl hoffentlich nur Blechschaden entstanden? Machen Sie mich nicht schwach!»

«Sorry, Chef. Drei Tote!»

«Um Himmels willen ... diese verdammten Todesraser ... aber wissen Sie was, mein Freund – fahren Sie da mal hin, forschen Sie das private Umfeld der Toten aus, ob die Kinder haben und so weiter, Sie wissen schon – Schulden, Weiber, Hobbys, Blutgruppe, Schuhgröße, Sternzeichen, sexuelle Vorlieben ... und beschaffen Sie sich Fotos von den Leuten ... dann bringen wir das ganz groß raus. Ich glaube, daß wir auf diese Weise einen wertvollen Beitrag zur Erhöhung der Verkehrssicherheit leisten können!»

Nach dem tödlichen Attentat auf den palästinensischen Scheich Jassin veröffentlichte *Bild* ein Foto vom zerfetzten Kopf des Opfers. Gegenüber dem Presserat rechtfertigte Kai Diekmann diese publizistische Leichenschändung mit dem Argument, daß die zivilisierte und freiheitliche Welt den Tod ihrer Feinde dokumentieren müsse: Dem Foto wohne eine eminent politische Bedeutung inne, weil es belege, daß von dem ermordeten Scheich keine Gefahr mehr ausgehe. Der Presserat sah das nicht ein und erteilte *Bild* eine öffentliche Rüge.

Diekmann aber setzte seinen Kampf für Wahrheit, Recht, Verkehrssicherheit, Leichen- und Silikon-Mops-Fotos und die Faszination der Sinnsuche in einer zivilisierten und freiheitlichen Welt unbeirrt fort und focht ihn selbst noch unterhalb der Gürtellinie ritterlich und mannhaft aus: «SCHWÄGERIN ERHEBT SCHWERE VORWÜRFE – Whitney Houston ist SEXSÜCHTIG». Unter dieser Überschrift weidete *Bild* am 7. April 2006 auf dem Altar der Pressefreiheit den Schoß der «Soul-Diva Whitney Houston (42)» aus: «Einst war sie ein gefeierter Weltstar, verkaufte Millionen Platten. Jetzt ist sie nur noch ein Wrack. Abgemagert, verlottert, kaputt.» Für ihre «lustvollen Vergnügungen» habe sie «Sexspielzeug gleich tütenweise» eingekauft. «Zahlreiche Affären» soll sie «gehabt» und auch mit Frauen «angebandelt haben».

SCHWÄGERIN ERHEBT SCHWERE VORWÜRFE
Whitney Houston ist
SEXSÜCHTIG

***Bild*, 7. April 2006**

Anteil nehmen konnten die Bild-Leser im April 2006 auch am Sterben eines erbkranken, täglich neue Schlagzeilen produzierenden Säuglings und am Eierausblasen einer *Bild*-Kolumnistin, das unter der beziehungsreichen Überschrift «Mit Eiern kenne ich mich aus. Mein Mann ist immer sehr zufrieden!» noch beziehungsreicher nacherzählt wurde:

> Zärtlich umfaßt sie das gute Stück mit den Händen, spitzt gekonnt die Lippen – und bläst mit dicken Backen … Was DIE alles kann! Cora Schumacher (29) – Formel 1-Fahrers-Gattin, Renn-Pilotin, pink-vernarrte, Straß-funkelnde Stil-Ikone – und 1a-Eier-Fachfrau! Jetzt legte die schöne Cora den heißesten TV-Auftritt des Wochenendes auf die Matt-

Bild, 10. April 2006

scheibe – beim Straußenei-Wett-Ausblasen in der Promi-Kochshow «Jetzt geht's um die Eier» (Sat.1).

Hier haben wir es nun vor Augen, was uns die kulturpessimistischen Bedenkenträger prophezeit hatten, vor einem Vierteljahrhundert, als die medienpolitischen Wühlarbeiter der CDU/CSU damit beschäftigt waren, die Monopolstellung der öffentlich-rechtlichen Sendeanstalten zu demontieren. Herausgekommen ist «der Dreck des Drecks» (Horst Tomayer) – ein mediales Eiersalatgewitter, das mit Donner und Geblitz auf Mann und Maus herniedergeht und keinen Stein auf dem anderen läßt. In der Ära Adenauer gab es keine Fernsehsendungen, in denen leichtgeschürzte Rennpilotengattinnen Straußeneier ausbliesen. Da wäre eine leichtgeschürzte Rennpilotengattin gar nicht erst in die Verlegenheit gekommen, in einem Fernsehstudio ein Straußenei auszublasen und sich hinterher in der vom Papst abgesegneten Gosse als «Eier-Fachfrau» necken zu lassen, sondern schon auf dem Weg zum Taxistand verhaftet worden, wegen Erregung öffentlichen Ärgernisses. Und es waren auch noch keine Straußeneier nach Deutschland importiert worden, um vor laufender Privatfernsehkamera von straßfunkelnden Stil-Ikonen ausgeblasen zu werden.

«Wer sich mit seinem Privatleben in die Öffentlichkeit begibt, um den eigenen Marktwert zu steigern, muß sich publizistische Kontrolle gefallen lassen» (Kai Diekmann). Und ein todkranker Säugling musste es sich gefallen lassen, daß die *Bild*-Zeitung tagelang an seinem Sterben nassauerte und noch aus den letzten Zuckungen des Kindes eine Nachricht machte, Seite an Seite mit den Annoncen von «Petra» («GEILES BÜCKSTÜCK ZEIGT PO») und «Jenny» («RASIERT & UNERFAHREN»), bis daß der Tod Kai Diekmann und das Baby voneinander schied: «Mit einem Seufzer auf den Lippen starb der kleine Tille am Abend vor Ostern – Jetzt bist du ein Engel auf einer Wolke». Und der Tod ist ein Meister aus Deutschland.

Ob es überhaupt noch einen konservativen Politiker gibt, den eine Gänsehaut beschleicht, wenn er den Golem röhren hört, den sich die Axel Springer AG da erschaffen hat, im Verbundsystem mit den Vordenkern und Vollstreckern der geistig-moralischen Wende?

Am 13. April 2006 war es endlich soweit: Zwischen der Top-Meldung («Samira Mahdavikia ist im zweiten Monat schwanger», siehe Ultraschallbild im Sportteil) und einem «Vorabdruck», der keiner war, des päpstlichen «Karfreitaggebets», das keines war («*Bild* erhielt vom Vatikan exklusiv die Genehmigung, bereits am heutigen Gründonnerstag das Gebet zu drucken, bevor er der Kreuzigung Jesu gedenkt»), gedachte Bild des Sex-Terrors gegen Eva Herman und zitierte, unter der Überschrift «Richter stoppt Sex-Terror gegen Eva Herman», offenherzig aus den amtsgerichtlich gestoppten «Sex-Botschaften»: «Was hat ‹Tagesschau›-Sprecherin Eva Herman (47) nur erdulden müssen! Der irre Sex-Fotograf Robert V. (64), der Nacktbilder von ihr machen wollte und sie monatelang sogar bis zum Sender verfolgte, bombardierte Eva Herman auch mit obszönen SMS. Auszüge aus den perversen Botschaften: ‹Du hast doch Probleme sexueller Natur. Wie Prinz Charles der Tampon bei Camilla, will ich bei dir dein String sein.›» Und (in *Bild* durch Unterstreichung hervorgehoben): «Wie bei einem kleinen Kind will ich dir den nackten Arsch versohlen, du gehörst kräftig durchgef... Ich mag deine knackigen runden T...›»

Es blieb den *Bild*-Lesern und ihrer dreckig abgehenden Phantasie überlassen, sich aus den verstümmelten Botschaften recht und schlecht zusammenzureimen, daß die Nachrichtensprecherin nach Auffassung des irren Sex-Fotografen, dem sie ein für alle Mal den Mund verbieten wollte, kräftig durchgefüttert gehöre und daß er eine Schwäche für ihre knackigen runden Tischdekorationen habe. Der verschämte Umgang mit Kraftausdrücken hat im Bumskontakthaus Springer Tradition. 1978 berichtete die *Welt am Sonntag* von einem Konzert der Rolling Stones: «Einst bewunderten die Menschen Werte wie Tapferkeit, Weisheit oder Güte. Mick Jagger aber stöhnte in Anaheim sein Loblied auf die schwarzen Mädchen: ‹They want to be f... all night.›» Man könne, schrieb Hermann L. Gremliza damals in *Konkret*, der *Welt am Sonntag* nicht vorwerfen, daß sie bei ihrer Wortwahl «nicht um die edleren Gefühle onanierender Prokuristen bemüht» sei; er aber träume «von einer Zeit und einem Land, wo man nach Herzenslust ficken wird und der als schamlos gilt, der die Namen Matthias W und Axel Sp ausschreibt».

Alles, was das Amtsgericht Rostock dem irren Sex-Fotografen verboten hatte, wurde von Friede Springers profitabler Dreckschleuder *Bild* in die weite Welt hinauskatapultiert. Fortsetzung folgt: «Der Sex-Fotograf, der keinen Anwalt genommen hatte, kündigte Einspruch an: ‹Ich werde weitere pikante Details über die Eva und ihre zwei Gesichter bringen.› Der Sex-Terror ist offenbar immer noch nicht vorbei.»

Woher auch. Am Gründonnerstag konnte er sich in *Bild* auf Seite 13 weiter austoben. Für einen haarigen, von *Bild* als «Superstar» gefeierten Uhu aus den Dschungeln der Privatkanäle, der zur Abwechslung «gern mal eine Nordisch-Blonde kennenlernen würde» («Im Bett läßt's Tobi richtig krachen»), hatte *Bild* die dazugehörige «Superfrau» gesucht und konnte nun die eingetroffenen Bewerbungsfotos und Bewerbungsbriefe abdrucken: «Ich bin total romantisch», «Reiten ist meine Leidenschaft», «Ich küsse toll», «Ich bin kein Brett im Bett», «Meine Kurven hauen Tobi um»: «Die blonde Ina (21) aus Bremen ist stolz auf ihre prallen Rundungen: ‹Da hat er ordentlich was in der Hand!› Wie kriegt sie Tobi rum? ‹Ich seh' gut aus, ich koche gut – und ich hasse Blümchen-Sex!›»

Erbost war *Bild* jedoch, als die britischen Zunftgenossen «intime Pool-Fotos von Angela Merkel und ihrem Mann» veröffentlicht hatten: «Engländer verhöhnen unsere Kanzlerin» – «Heimlich aufgenommen beim Osterurlaub auf Ischia! Es sind Aufnahmen aus dem Privatbereich, die kein Mensch von sich in der Zeitung sehen möchte.» Der Tatbestand, daß Friede Springers umsatzstärkstes Organ soeben erst die Nase in den Podex eines Mannequins gesteckt und ein Pin-up-Girl mit der Legende «Lecker-Schmecker, auch von hinten: Kristas kernige Kiste» versehen hatte, hinderte den Gesellschaftskritiker, der in *Bild* regelmäßig unwillkommene «Post von Wagner» abschickt, nicht daran, den Briten ins Gewissen zu reden: «Ihr seid ‹rotten to the core›, verdorben bis ins Mark. Ihr habt meine Kanzlerin beim Wechseln ihres Badeanzugs in Eurer ‹rottenest› verfaulten Zeitung gezeigt. Schande über Euch. Ich schäme mich für Euch.» Absatz. «Die Rückseite meiner Kanzlerin ist mir dennoch sympathischer als Eure Whisky-aufgedunsenen Arschgesichter in London.»

Und selbst von diesem unterirdischen Geschoß ging es noch tiefer hinab ins bewegte Gemüt des Kolumnisten: «Aber vor allem ist mir der Kopf meiner Kanzlerin wichtig. Sie ist Doktor der Physik, sie kann mir Einstein erklären.» Was Wagner aber gar nicht nötig gehabt hätte, denn daß Einstein das Genie mit der herausgestreckten Zunge war, wußte er ja längst, im Gegensatz zu den Londoner Arschgesichtern: «Ach, Ihr bei der *Sun* wißt nicht, wer Einstein ist? Bleibt blöd! Die einzige Sprache, die Ihr versteht, ist die Sprache des Fußballs. Niemals würden wir Fotos Eurer Queen in Stützstrümpfen drucken, wir drucken Fußballergebnisse.» Wir, also Wagner und seine Kanzlerin, hatten sich noch mehr vorgenommen: «Wir werden Euch weghauen bei der WM.» Vergessen war, für den Moment, das enorme Interesse der *Bild*-Zeitung an Lady Dianas Kotzgeruch beim Geschlechtsverkehr mit dem Thronfolger.

Just an jenem Tag der Schande sendete der NDR einen Dokumentarfilm über Franz Josef Wagner. Darin kam auch der *taz*-Wahrheit-Redakteur Michael Ringel zu Wort. Der Unterhosenjournalist Wagner, sagte er, sei ein «Unterhosenjournalist». Dafür wurde Ringel auf der Medienseite der kreuz und quer mit *Bild* geschäftlich, medienpolitisch und kameradschaftlich verstrickten und verflochtenen FAZ gerüffelt, denn das sei doch einfach «billige Polemik». Am 31. Januar 2006 aber hatte auch das Model Heidi Klum «Post von Wagner» erhalten: «Heidi Klum, ich werfe Ihnen vor, daß Sie beurteilen, was schön und nicht schön ist. Sie haben kein Recht, Mädchen unglücklich zu machen. Noch dazu, wenn man so einen Hintern hat wie Sie. Herzlichst, Ihr Franz Josef Wagner ...» Was aus dem Blickwinkel des Laien wie gewöhnlicher Unterhosenjournalismus aussieht, wurde vom Medienexperten der FAZ gegen «billige Polemik» verteidigt und nicht ungünstiger beurteilt als von jener inferioren Zeitungskäuferschicht, die sich aufgepulvert fühlt, wenn sie einem schmutzigen alten Mann bei der sexuellen Belästigung einer jungen Frau auf die Finger starren darf.

Um vor den Augen solcher Fachleute bestehen zu können, müsste eine Polemik gegen Wagner teurer sein als jene billige, die seinen Unterhosenjournalismus beim Namen nennt, zumal ja dem *FAZ*-Herausgebergremiumsmitglied Frank Schirrmacher der Synergie-Effekt seiner freien Mitarbeit an der *Bild*-Zeitung lieb und teuer ist: Schirrmachers jüngstes Werk schnellte nach dem auszugsweisen Vorabdruck in *Bild* an die Spitze der Sachbuchbestsellerlisten. Billigend in Kauf genommen hatte Schirrmacher dafür die Gemeinschaft mit geilen Bückstücken, irren Sex-Fotografen und allen Superfrauen, deren Kurven einen geistig minderbemittelten, «es» im Bett «richtig krachen» lassenden Fernsehfuzzi umhauen sollten. Skandalöser als die Beliebtheit der *Bild*-Zeitung im Subproletariat ist die Bereitschaft des Bildungsbürgertums zu gewinnträchtigen Ausflügen in die No-Go-Area: Mit seinen Werbespots in *Bild* hat Schirrmacher sich nicht unmöglich gemacht, sondern seinen Marktwert gesteigert, auf Augenhöhe mit den «prallen Rundungen» aller Damen, die in *Bild* versichern, daß sie kein «Brett im Bett» abgäben.

Doch zurück zu den «Aufnahmen aus dem Privatbereich, die kein Mensch von sich in der Zeitung sehen möchte». Am 21. April 2006 eröffnete *Bild* auf Seite 14 eine große Ausstellung von Aufnahmen aus dem Privatbereich eines Fotomodells, geschossen bei dessen Strandurlaub auf den Malediven. «Dieser Po macht Männer froh: Michelle zeigt ihr sexy Hinterteil», hieß es. Und: «Zwei Super-Bäckchen geh'n auf Tauchstation».

Zwei Werktage zuvor hatte der laut *Bild* «angesehene» Bischof Wolfgang Huber als Ratsvorsitzender der Evangelischen Kirche Deutschlands eine halbe Seite lang und breit in *Bild* einen Kriminalfall kommentiert: «Und der Gedanke, daß erst die Mutter ums Leben gebracht wird und daß dann die Angehörigen das Sorgerecht beanspruchen, ist ein derartiger Zynismus, daß mir die Worte fehlen.» Diesen kritischen Gedanken äußerte der redselige Bischof auf Seite 3 einer Zeitung, die auf derselben Seite die Schlagzeile «Sex-Notruf! Sanitäterin sucht Mann für Doktorspiele» installierte. Unwahr wäre die Behauptung, daß dem Bischof die Worte gefehlt hätten, als er von Europas führendem Abspritzgarantiejournal um ein Interview gebeten worden war. Wahr ist, daß der Bischof bei seinem Plauderstündchen mit *Bild* gut bei Stimme war. Und wahr scheint auch zu sein, daß er sich wenig darum schert, was unter Überschriften wie «Lecker, lecker – Babs Becker!» in der *Bild*-Zeitung steht: «Am Strand ihrer Wahlheimat Miami zeigt sie ihren trainierten Astral-Body: Sixpack-Bauch, ein Popo zum Nüsse-Knacken, wie Anfang 20, beneidenswert!» Bildlegende, untendrunter: «Ein großartiger Popo!»

Und es sollte nicht der letzte sein, den Kai Diekmann fachmännisch herzeigte und rezensieren ließ. *Bild*, 26. Mai 2006:

Caramba! Caracho! Olé! Die Sonne scheint, ein ordentliches Lüftchen weht – und treibt sein Unwesen …

Bei der 300-Jahr-Feier des andalusischen Ortes San Roque nimmt sich der Wind, der vorwitzige, das hellblaue Kostümchen von Kronprinzessin Letizia von Spanien (33) vor. Bläst unter ihren braven, die zarten Knie bedeckenden Faltenrock. Hebt ihn. Hoch, höher, gaaaanz nach oben.

Und – hasta la vista, Baby! – offenbart uns, was die schöne elegante Letizia untendrunter trägt.

Ein Skandal? Ach was, ein fleischfarbener Slip! Kein Großraum-Schlüpfer, kein Mini-Tanga, sondern ein stinknormales Wie-du-und-ich-Unterhöschen.

Exquisiter als die Aussicht auf das stinknormale Wie-du-und-ich-Unterhöschen der spanischen Kronprinzessin war ein Einblick, den Kai Diekmann der Welt am 3. Juli 2006 gewährte. Mitgeholfen hatte hier kein ordentliches Lüftchen, sondern die Schwerkraft, die beide Brüste einer bäuchlings sonnenbadenden Prominenten zu Boden zog. Einem Paparazzo war das Meisterstück geglückt, die Brüste von schräg unten zu fotografieren. Und die *Bild*-Zeitung griff zu: «Popöchen in die Höh'! Rachel Hunter (36) zeigt ihren knackig-

Hier lüftet Rachel Hunter das Geheimnis ihres Busens

▲ Fröhlich plantscht Rachel in den Wellen

Barbados. Deutschland ist völlig Fußball-verrückt, aber auch andere Länder haben schöne Bälle …
Zum Beispiel diese: Model **Rachel Hunter** (36) – gebürtige Neuseeländerin, Ex-Freundin von **Rod Stewart** (61) und **Robbie Williams** (32) – urlaubt derzeit mit ihrer neuen Schnuckel-Schnitte, dem kanadischen Eishockey-Star **Jarret Stoll** (24, spielt bei den „Edmonton Oilers") auf Barbados. Aber was ist denn das? Unter ih-

Ich weiß es! CHRISTIANE HOFFMANN
heute schreibt JULIA KEMP

Liebe Neuseeländer, mit diesen Bällen hättet Ihr Euch bestimmt für die WM qualifiziert!

***

Hamburg. Ein Fest der Superlative! Am Wochenende lud „Spiegel"-Chef und Pferdenarr **Stefan Aust** zur Feier seines 60. Geburtstages. Gefeiert wurde auf seinem Gestüt in der Nähe von Hamburg. Die Gäste-Schar (rund 450) – hochkarätig, erlesen. Darunter: Ex-Innenminister **Otto Schily** (73), **Ihre Hoheit Begum Inaara Aga Khan** lässig und entspannt, begrüßte die Geladenen in Jeans und Hemd. Ein Gast: „Alles ist hier authentisch, nichts Konstruiertes, nichts Aufgesetztes." Genau wie das Essen (Antipasti, Bratwürstchen, Nackensteaks). Niedlich: Aust-Töchterchen **Emilie** (8). Sie wollte den 60 lebenden Forellen, die Aust von seinen Kollegen geschenkt bekam, Namen geben. Lohnt sich nicht, denn Moderator **Ulrich Wickert** (63) dachte weiter – er schenkte einen Forellen-Räucherofen …

Bild, 3. Juli 2006

apfeligen Allerwertesten und die Narbe an der Unterseite ihrer (operierten) Brüste.» Überschrift: «Hier lüftet Rachel Hunter das Geheimnis ihres Busens».

Und der Bischof Huber schwieg. Vielleicht fehlten ihm wieder die Worte.

Nachdem ein «Deutsch-Äthiopier» in Potsdam fast zu Tode geprügelt worden war, zitierte *Bild* am 21. April 2006 aus den Gebeten der dreizehnjährigen Tochter des Opfers («Lieber Gott, laß Papa nicht sterben!») und würzte den Artikel mit Salz aus den Tränen des lebensgroß ins Bild gerückten Kindes: «Tracy (13) spricht sehr leise, immer wieder kullern Tränen über ihre zarten Kinderwangen.»

Anderntags ging's etwas höher her: «Von wegen faule Männer! Cindy (21) hat ihren Schatz längst davon überzeugt, daß die Hausarbeit zu zweit viel Spaß macht. Es kommt nur auf den Arbeitsplan an: Zuerst kümmern sie sich um den Nachwuchs, dann poliert er ihr den Ofen – und wenn seine Energie dann immer noch ausreichen sollte, wird richtig gebügelt!»

Weitere Vorzeichen eines Kultursommerhochs registrierte *Bild* am 25. April 2006 und publizierte als Beweismittel Fotos von der Mundhöhle, dem Ausschnitt, dem nackten Rücken, den nackten Oberschenkeln, dem Schritt und dem nackten Bauch der Prinzessin Stéphanie von Monaco «beim fürstlichen Sonnenbad an der Côte d'Azur», aber nicht kommentarlos, sondern mit den Worten: «Offenbar ist es auch für eine Prinzessin nicht ganz leicht, die Problemzone ‹Bäuchlein› in den Griff zu kriegen.»

Von den zarten Kinderwangen steil hinunter zum polierten Ofen einer Mieze und wieder hinauf zur Problemzone «Bäuchlein» geht die wilde Reise, ohne daß die mitjuckelnden Bischöfe und Päpste speien müssen. Wie halten die das nur aus?

Es folgt ein kurzer Lehrgang aus der hohen Schule des Gossenjournalismus. Wir wollen lernen, wie man die märchenhafte Tatsache, daß eine Frau mit einem Mann geschlafen habe, journalistisch aufbereiten kann.

Es war einmal eine Frau, die schlief mit einem Mann: «Frau schlief mit Mann» – nein, das wäre keine druckreife Nachricht, denn so etwas soll ja, wie man hört, in den besten Familien vorkommen. Auch das Lebewesen Kai Diekmann ist bei einem normalen menschlichen Begattungsakt entstanden und nicht durch irgendeine spektakuläre Urzeugung im Sofaritzenstaub.

Zweiter Versuch. Es war einmal eine Frau, die sich zu ihrem Privatvergnügen dabei filmen ließ, wie sie mit einem Mann schlief: «Frau ließ sich beim Sex filmen» – auch das wäre noch keine Nachricht, die *Bild*-Leser vom Hocker hauen könnte. Ausgebuffte Branchenkenner vermuten, daß mindestens zwei bis drei Prozent der *Bild*-Leser öfter mit harter Pornographie als mit Frauen Bekanntschaft geschlossen haben.

Dritter Versuch. Es war einmal eine Frau, der ein privat aufgenommener Sexfilm von Einbrechern gestohlen wurde, die ihn dann im Internet verbreiteten: «Gestohlener Privatsexfilm im Internet – Diebe schrecken vor nichts mehr zurück!» Schon besser, aber wer will das wissen? Das kommt doch alle naselang vor.

Vierter Versuch. Es war einmal eine kroatische Schlagersängerin, die am Eurovision Song Contest teilnehmen wollte, obwohl man im Internet einen Sexfilm betrachten konnte, der ihr von Einbrechern gestohlen worden war. Bei diesem Stand der Dinge stieg *Bild* am 29. April 2006 in das Geschehen ein: «Schlager-Star in Porno-Film – Sex-Skandal beim Grand Prix». So wurde endlich eine große Nachricht aus dem privat ausgeübten Geschlechtsverkehr zwischen Mann und Frau: «Was für ein Wirbel um den Grand Prix! Sängerin Severina (34), Kandidatin für Kroatien, drehte einen hammerharten Privat-Porno! Fliegt sie jetzt aus dem Wettbewerb?» *Bild* schmückte die Reportage mit Standfotos aus dem gestohlenen Privatfilm («Heiße Szenen aus Severinas Privat-Porno, der im Internet kursiert»).

***Bild*, 29. April 2006**

Einer Frau ist ein privat aufgenommener Film gestohlen worden. Kriminelle Hehler haben ihn im Internet verbreitet, und Kai Diekmann breitet deren Einbruchdiebstahlsbeute in der *Bild*-Zeitung aus und zeigt, in Standfotos aus dem Diebesgut, zwölf Millionen Spannern, wie ein Mann privat einer Frau privat an die Brüste faßt und auch noch andere Privatbereiche berührt: Da kratzt man sich, als Laie, der nicht viel von Politik und Juristerei versteht, doch am Kopf und fragt sich, wieso Friede Springer und Kai Diekmann nicht noch am selben Tag in Handschellen dem Haftrichter vorgeführt worden sind. Gibt es denn keine Gesetze gegen Hehlerei? Und wäre es erlaubt, aus Friede Springers Villa gestohlene Sexfilme öffentlich herzuzeigen und Geld damit zu verdienen? «Heiße Szenen aus dem Safe der Verleger-Witwe – Skandal im Springer-Konzern», so in etwa. «Was für ein Wirbel um nichts! Fliegt sie jetzt nach Teneriffa?»

Zum Glück für *Bild* war der Film aber nicht Friede Springer, sondern einer kroatischen Schlagersängerin geklaut worden, und Kai Diekmanns Mannschaft konnte beim Nießbrauch des Raubguts aus dem vollen schöpfen: «Schon im Juni 2004 waren der Streifen und pikante Fotos daraus unter mysteriösen Umständen ins Internet gelangt. Seitdem ist der Film für jeden zugänglich.» Und damit schien auch *Bild* in den Genuß des Rechts gelangt zu sein, die delikaten, von Kriminellen erbeuteten Fotos drucken und betexten zu dürfen. «Was ist zu sehen?» fragte sich *Bild* und gab sogleich die Antwort, im Druck durch Unterstreichung hervorgehoben: «Elf Minuten Hardcore-Sex mit Severina und einem dunkelhaarigen Mann, der sie nach allen Regeln der Kunst verwöhnt. Die nackte Sängerin genießt den Sex mit ihrem Partner in allen möglichen Stellungen, befriedigt ihn auch oral.» Überschrift: «Die schöne Sängerin und der Sex-Film».

Im Mai 2006 kaufte *Bild* der «Schlager-Legende Nicole» einen abfälligen Kommentar über jene Sängerin ab, die in der Schlagzeile obendrüber als «Porno-Sängerin» figurierte: «In ihrem grenzenlosen Geltungsbedürfnis zelebrieren solche Teilnehmer den schlechten Geschmack bis über die Grenze des Erträglichen.» Die bestohlene Sängerin hätte also, in ihrem grenzenlosen Geltungsbedürfnis, ihren schlechten Geschmack bis über die Grenze des Erträglichen hinausgetrieben, indem sie sich bestehlen ließ und damit leben mußte, daß Kai Diekmann in sein Schmutzblatt Standfotos aus der Diebesbeute einrückte. Eine noch genauere Untersuchung des Sachverhalts durch geschulte Mediensoziologen hat ergeben, daß die Qualifikation der Sängerin als «Porno-Sängerin» aus ihrer Geschlechtsreife resultierte. Daraus folgte zwingend der Verdacht, daß Severina sexuell mit Sexualpartnern verkehrt haben müsse. Diesen Verdacht in den Rang eines Skandals zu erheben und anhand gestohlener Filmaufnahmen den privaten «Hardcore-Sex» der Schlagersängerin geschäftlich auszuschlachten wäre weder einem Bischof noch dem Gremium der *FAZ*-Herausgeber im Traume eingefallen. Aber die Bischöfe und die Herausgeber sind Geschäftspartner einer Metzgerei, die den gestohlenen Unterleib einer Frau als Nachrichtenfrischfleisch verkauft hat.

Daß dies mit Verstand geschah, war Frau Friede Springer da. *Bild*, 2. Mai 2006: «Grand-Prix-Porno – Er ist verheiratet und Millionär [...] Seine Sex-Partnerin Severina trennte sich nach der Affäre von ihrem damaligen Verlobten, ist inzwischen neu liiert. [...] Die Aufnahmen sollen aus ihrem Haus gestohlen worden sein.» Links daneben unterbreitete die Axel Springer AG ihren Hardcore-Fans eine weitere «Sex-Szene aus dem Skandal-Video: Severina hemmungslos mit Liebhaber Milan». Zu sehen war da, wie er mit seinen Händen ihre Brüste berührte; der Penis des Millionärs wurde von einem schwarzen Balken verdeckt.

Ein Skandal? Ach was. Nur ein stinknormaler Tag im Leben des immer schweigsameren Wie-du-und-ich-Bischofs Wolfgang Huber, der auch hierzu hammerhart geschwiegen hat.

Als Paul McCartney eine Pressekonferenz anberaumt hatte, um den Gerüchten über die Krise seiner Ehe mit der Exklusivnachricht von der bevorstehenden Scheidung ein Ende zu setzen, fing für die Bettläuse der Spaß erst so richtig an: «Paul McCartney und seine Heather schliefen zuletzt in getrennten Hotels – Wenn der Beatle nicht parierte, tobte seine Frau», verkündete *Bild* am 19. Mai 2006. «Paul, so berichten Freunde, wird jetzt wieder das Medaillon mit ein paar Gramm der Asche seiner Linda tragen.»

Das müssen sehr intime Freunde von Paul McCartney gewesen sein, wenn sie Reporter ins Vertrauen gezogen haben, die ihr Nachrichtengemüse mit der Asche einer Toten düngen. Kurz zuvor hatte der Bundesverband Deutscher Zeitungsverleger sich darüber echauffiert, daß der Bundesnachrichtendienst Journalisten «bis in den Privatbereich hinein» bespitzelt habe. Dem Spitzel, der in *Bild* darüber schwadroniert hat, wie Paul McCartney nach der Trennung von seiner zweiten Frau mit der Asche seiner verstorbenen ersten umzugehen gedenke, ist ein Ordnungsruf des Verlegerverbands erspart geblieben. Dieser Spitzel – Peter Michalski heißt er – hat ja auch nur jenes hohe Wächteramt versehen, das eine freie Presse für eine freie Gesellschaft so unentbehrlich macht.

In derselben Ausgabe entledigte sich das Geburtstagskind Udo Lindenberg («Sexzig Jahre») seiner Erfahrungen in der «Welt der homosexuellen Zärtlichkeiten»: «Ich konnte Frischlings-Power tanken mit diesen Jungs!» Gleich untendrunter wurde die Geliebte eines anderen «Schock-Rockers» zitiert: «Ich mag Folter-Sex und meine Freundin auch. Aber manchmal tut es auch die Hündchen-Stellung. Die Maske trage ich dabei natürlich nicht.» Und im Anzeigenteil der Bremer Lokalausgabe hieß es: «Schokobaby Donna wieder da! Super Busen!» Und: «NEU: Po-Prinzessin 19 J. Stark behaart, 69, r. küssen!»

Dem Zuhälter jener stark behaarten «Po-Prinzessin» darf man zugute halten, daß er mit seinem Inserat einen originelleren Kommentar zur aktuellen Wertedebatte beigetragen hat als der Ratsvorsitzende der evangelischen Kirche an gleicher Stelle.

Im wunderschönen Monat Mai 2006, als alle Vögel sangen, da trat in einer ARD-Show die Bundesgesundheitsministerin Ulla Schmidt (SPD) auf und wurde gefragt, wie sie ihr Sexualleben beurteile – «erfüllend», «könnte erfreulicher sein» oder «ich wünschte, ich hätte eins ...» Vor sechs Millionen Fernsehzuschauern gestand die Ministerin ein, daß ihr Sexualleben «erfreulicher sein» könnte, und Bild applaudierte ihr: «Ministerin Schmidt – Mutiges SEX-Bekenntnis im TV ...

Bild, 20. Mai 2006

Was genau da derzeit nicht so richtig erfüllt läuft, wollte die geschiedene Ministerin auf Anfrage nicht verraten.»

Man könnte kulturpessimistisch werden, wenn man sich vor Augen stellt, was hier geschehen ist: Eine Bundesministerin hat sich, spaßeshalber und in der Hoffnung, sich beliebt zu machen, in einer Fernsehquatschsendung blicken lassen und dort ein prompt von *Bild* verdautes «SEX-Bekenntnis» abgelegt. Wie schön und unschuldig war doch die Zeit, als es noch Politiker wie Herbert Wehner gab, die viel weniger zudringliche Journalisten als die heute tätigen anfauchten und wegbissen. Auch Franz Josef Strauß und Helmut Schmidt hätten einen Jörg Pilawa, der es gewagt hätte, sie mit einer Frage über ihr Sexualleben zu belästigen, abblitzen lassen, und dann hätten sie die Karriere dieses Spaßvogels mit einem ins Telefon gebellten Befehl geknickt. Und das wäre auch gut so gewesen.

Im 21. Jahrhundert gehen die Uhren anders. Jetzt werden die Zuschauer zur besten Sendezeit mit Informationen über das Sexualleben einer Ministerin versorgt, von ihr selbst, aus erster Hand, und wer das «SEX-Bekenntnis im TV» verpaßt hat, der bekommt es von Kai Diekmann schriftlich nachgereicht: Frau Ministerin Ulla Schmidt ist der Meinung, daß ihr Sexualleben erfreulicher sein könnte, und dank *Bild* dürfen das nun glücklich auch die Hartz-IV-Empfänger in Erfahrung bringen, wenn sie auf der Suche nach Essenresten einen von Kai Diekmanns 3,55 Millionen Präsentiertellern aus der Mülltonne ziehen.

Die sexuelle Revolution hatte Wilhelm Reich sich anders vorgestellt.

***FAZ*, 22. Mai 2006:**

Michael Ballacks Berater Michael Becker ist ein Kämpfer – auch gegen Bayern und *Bild* [...] Zu der zuletzt vertrackten Beziehung Ballacks zu München hat auch «die fragwürdige Rolle der *Bild*-Zeitung sicher ihren Teil dazu beigetragen», sagt Becker. So ist auch einiges schiefgelaufen zwischen dem Kapitän der Nationalmannschaft und der Sportredaktion des Blatts in München, wie sein Berater erzählt. Ballack sei von *Bild* «ständig persönlich in unsachlicher Weise angegriffen» worden, so daß sich Ballack irgendwann entschlossen habe, dagegen vorzugehen. Der Hamburger Presserechtler Michael Nesselhauf wurde eingeschaltet, um sich gegen falsche Behauptungen zu wehren. Seither gehen sie unnachgiebig vor. «Die meisten Dinger haben wir durchgekriegt», sagt Becker. «Unterlassungserklärungen, Richtigstellungen, Gegendarstellungen, das komplette juristische Instrumentarium.» Es geht um Behauptungen wie: «Inter Mailand hat Ballack 60 Millionen Euro netto geboten.» «Gehaltspoker macht Ballack krank.» «Ballack ist geldgeil.» «Ballack bekommt den Hals nicht voll.» «Ballack erklärt seine schwache Leistung mit einer Erkältung.» «Wüstenfete beim Party-Scheich.» Solche Sachen. «Das ist lästig, aber notwendig», sagt Becker, «und wir haben bisher fast immer gewonnen. Im Wiederholungsfall kann es richtig teuer werden.»

Der Anwalt meldet sich aber auch bei Abdruck von Privatfotos der Kinder, dann wird dreimal geklagt, auch aus dem Recht der Kinder. «Man sollte es sich in Deutschland als Spieler, Trainer oder Vereinsfunktionär aber sehr gut überlegen, sich mit der *Bild*-Zeitung anzulegen», sagt Ballacks Berater. «Wir haben uns bewußt für diesen Weg entschieden, um ein Zeichen zu setzen. Auch auf die Gefahr hin, daß die Benotung, wie dann auch geschehen, in dieser Zeitung schlechter wird. Es gibt Grenzen, und die sind hier überschritten worden.» Daß der Kapitän der Nationalmannschaft es wage, sich gegen das einflußreiche Blatt zu wehren, sei aber auch nur unter den derzeitigen besonderen Umständen möglich, sagt Becker: «Wir haben die WM im eigenen Land, Michael Ballack ist als Kapitän unangefochten, und Jürgen Klinsmann und Oliver Bierhoff lassen sich auch nicht von *Bild* beeinflussen. Kein anderer Spieler als Michael Ballack kann das durchziehen.»

Bild, heißt das, ist mächtig genug, um das Image und den Marktwert und damit auch die Lebensplanung, die Altersvorsorge und die gesamte bürgerliche Existenz fast aller professionellen Sportler von heute auf morgen ruinieren zu können. Unter dem Diktat der Pressefreiheit ergeht es eben auch den meisten Spitzensportlern nicht besser als all den Schlagersängern, Schauspielern, Models, Managern, Politikern und Prominenten-Friseuren, die ihr Leben lang aus Angst vor der *Bild*-Zeitung schlottern und ihr in hündischer Ergebenheit mit jeder gewünschten Auskunft zu Diensten stehen.

Wer sich, wie es der Bundestrainer Jürgen Klinsmann tat, dagegen sträubt, den bestraft Kai Diekmanns Balljunge Alfred Draxler mit gehässigen Schlagzeilen über «Grinsi-Klinsi». Noch erfreulicher als Ulla Schmidts Sexualleben wäre Klinsmanns langanhaltender Widerstand gegen *Bild* gewesen, wenn der Bundestrainer ihn nicht kurz vor dem Eröffnungsspiel der Fußball-Weltmeisterschaft 2006 aufgegeben hätte. *Bild*, 22. Mai 2006: «KLINSI exklusiv – So bin ich wirklich [...] Er ist jetzt Deutschlands wichtigster Mann: Bundestrainer Jürgen Klinsmann (41). In der neuen *Bild*-Serie erzählt Klinsi offen wie nie – Seite 12.» Dort erzählte Klinsmann den *Bild*-Lesern, daß er täglich mit seiner Frau telefoniere, täglich an seinen verstorbenen Vater denke und «die WM bewußt leben» wolle. So knickte «Deutschlands wichtigster Mann» vor einer Redaktion ein, deren anspielungsreiche Berichterstattung den volksnahen Humoristen Harald Schmidt einst dazu ermuntert hatte, ihn als «Schwabenschwuchtel» zu verspotten.

Auch dieser Fall soll hier nicht beweint, aber doch zu den Akten genommen werden.

Kai Diekmann hatte, wir erinnern uns dunkel, feierlich erklärt, *Bild* behellige niemanden, der sein Privatleben privat lebe. Die Liebesbriefe einer ganz normalen dreizehnjährigen Schülerin, ihr Geschlechtsleben und der Zustand ihrer Jungfernhaut wären, wenn Diekmann die Wahrheit gesprochen hätte, kein Thema für *Bild.* Und trotzdem informierte *Bild* die Nation am 26. Mai 2006 darüber, daß eine gewisse Jennifer (13) aus Chemnitz zwar «schon die Pille» genommen, mit dem festen Freund aber «bisher nur gekuschelt und geknutscht» habe. Dazu gab es ein großes Foto von dem Mädchen und ein gestochen scharfes ihres jüngsten Liebesbriefs zu sehen («Hey mein Süßer – Ich liebe dich und will dich zurück haben»).

Nicht ziehen würde die faule Ausrede, daß dieses minderjährige Mädchen durch aufreizendes Verhalten das starke Interesse der *Bild*-Zeitung provoziert habe, also beispielsweise durch den Auftritt in einer jener nachmittäglichen Fernsehsendungen, in denen skrupellose Entertainer ausgesucht unattraktive Menschen dazu aufstacheln, sich gegenseitig anzuschnauzen, damit die nasebohrenden Arbeitslosen nicht umschalten.

Der Fall liegt anders: Die dreizehnjährige Jennifer hat ihr Privatleben privat gelebt. Der einzige Fehler, den sie begangen hatte, war der, sich totschlagen zu lassen. Als ihr privat gelebtes Privatleben ein gewaltsames, blutiges Ende gefunden hatte, reifte es zum Gegenstand der *Bild*-Berichterstattung heran: «Sie mußte sterben, weil sie sich mit einem Jungen um einen MP3-Player stritt – Jennifer (13) brutal erschlagen – Sie hatte gerade ihren ersten Liebesbrief geschrieben –

Erschlagen: Polizisten fanden die Leiche von Jennifer († 13), verscharrt in einem Schweinestall». Und wieder ausgescharrt und bloßgestellt auf Seite 3 in *Bild*, von einer Redaktion, die auf derselben Seite auch noch Platz für einen «Po-Witz» fand: «Was ist der Unterschied zwischen einem Zäpfchen und einem Marschflugkörper? Das ‹M›.»

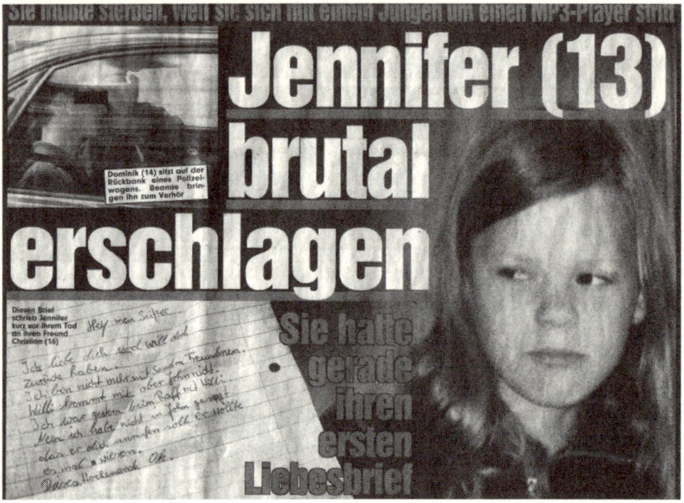

***Bild*, 26. Mai 2006**

Manchmal ist es nur ein kleiner Schritt, der von der publizistischen Obduktion der Leiche eines Kindes und der Verletzung seiner letzten Briefgeheimnisse in einen Schweinestall hineinführt, wo ein ordentliches Lüftchen weht und Friede Springer ihr Unwesen treibt. Am selben Tag saß auch Jürgen Klinsmann wieder im Beichtstuhl und sagte: «Die Costa Ricaner werden sich wehren und hinten zumachen.»

Als das Model Kate Moss sich mit Fußtritten gegen aufdringliche Fotografen zur Wehr gesetzt und die Verschlußkappe einer Kamera zertrampelt hatte, knetete *Bild* am 27. Mai 2006 eine Nachricht daraus: «Sie tritt, sie kickt, sie fuchtelt, als wollte sie den schwarzen Gürtel holen. Achtung, hier kommt Karate-Kate!» Aber weshalb denn nur?

«Grund der Attacke – unklar», berichtete *Bild*, obwohl der Grund der Attacke klarer war als der von *Bild* aufgewirbelte Staub: Eine Prominente war einmal zu oft von Paparazzi belästigt worden und hatte um sich geschlagen, ohne zu bedenken, daß sie der Preßbanditenmeute damit frei Haus druckfrisches Foto- und Nachrichtenmaterial lieferte. «Hoch das Bein! Kate Moss (32) rastet aus, tritt in Richtung des Fotografen und seiner Begleiterin», meldete *Bild*. «Wilde Spekulationen gibt's über Kates geschwollene Wange. Britische Zeitungen mutmaßen, daß ein Besuch bei ihrem drogensüchtigen Ex-Freund Pete Doherty (27) etwas damit zu tun haben könne. Freunde sprechen von Zahnschmerzen.»

Und Kai Diekmann hob sein Spielbein. Und der Papst war nicht zu sprechen.

Ganz zu schweigen von dem Bischof Huber.

Bild, 29. Mai 2006: «Party-König Ammer packt jetzt beim Botschafts-Luder an». Mit dem Anpacken war gemeint, daß «Deutschlands Party-König» Michael Ammer die auf Mallorca strotzenden Brüste einer gewissen Djamila angepackt hatte: «So gefällt sich der Party-King! Mit beiden Händen packt Michael Ammer Djamilas knackige Silikon-Brüste.»

Und Djamila? «Djamila hatte sich für die Ammer-Sause extra die Brüste vergrößern lassen – zum dritten Mal. Wie fühlen sich die Silikon-Möpse an?» Ja, wie? «‹Man greift förmlich ins volle Leben hinein›, lacht der Partykönig. ‹Ganz fest und knackig sind die Dinger, so wie ich es liebe.›»

Doch schon anderntags war Djamila passé. *Bild*, 30. Mai 2006: «Boah, ey! Party-Ammer hat schon wieder ’ne Neue!» Aus Palma de Mallorca meldete Friede Springers Inselreporter Fabian Posselt: «Die Neue heißt Jazmin Jennewein (25), ist Nackt-Sängerin, verschönte u. a. die ‹Ballermann›-Auftritte von Sänger Jürgen Drews. Jetzt hat sie Ammer an

***Bild*, 30. Mai 2006**

der Angel [...] Dabei hatte Djamila extra für Ammer am Busen noch mal nachlegen lassen.»

Gut recherchiert. Am 31. Mai 2006 stellten sowohl Djamila als auch Jazmin in *Bild* ihre Brustwarzen zur Schau, über der Schlagzeile «Party-König Ammer in der Busen-Klemme». Darunter hieß es:

> Erst vernaschte er Djamila, dann Jazmin.
>
> Doch es kann nur eine geben – für wen wird sich Schampus-Michi entscheiden?
>
> Michael Ammer und die Qual der Wahl: «Schöne Brüste haben sie ja beide», grübelt er. «Ich fürchte, bei der prallen Aussicht kann ich mich für keine entscheiden.»

Bild, 31. Mai 2006

Frage an Radio Eriwan: Wieso ist der presserechtlich für diese pralle Aussicht verantwortliche Chefredakteur nicht im Rahmen eines Gefangenenaustausches nach Sibirien deportiert worden?

Radio Eriwan antwortet: Sibirien soll sauber bleiben.

In seinem zu Recht berühmten «Caroline-Urteil» hatte der Europäische Gerichtshof für Menschenrechte der Gossenpresse im Jahre 2004 engere Grenzen gezogen. In der Urteilsbegründung hieß es:

> Die Freiheit der Meinungsäußerung gilt zwar auch für die Veröffentlichung von Fotos, doch in diesem Bereich kommt dem Schutz des guten Rufs und der Rechte anderer besondere Bedeutung zu, da es hier nicht um die Verbreitung von «Ideen» geht, sondern von Bildern, die sehr persönliche oder sogar intime Informationen über einen Menschen enthalten. Außerdem werden die in der Boulevardpresse veröffentlichten Fotos oftmals unter Bedingungen gemacht, die einer ständigen Belästigung gleichkommen und von der betroffenen Person als Eindringen in ihr Privatleben, wenn nicht sogar als Verfolgung empfunden werden.

Ohne Wissen und Einwilligung der beschwerdeführenden Prinzessin Caroline von Hannover aufgenommene Fotos, die sie bei rein privaten Tätigkeiten zeigten, könnten nicht als Beitrag zu einer Debatte von allgemeinem öffentlichem Interesse angesehen werden, da die Beschwerdeführerin dabei kein öffentliches Amt ausübe und die strittigen Fotos und Artikel ausschließlich Einzelheiten des Privatlebens der Prinzessin beträfen. Ferner

> mag die Öffentlichkeit zwar ein Recht darauf haben, informiert zu werden, ein Recht, das sich unter besonderen Um-

ständen auch auf das Privatleben von Persönlichkeiten des öffentlichen Lebens erstrecken kann, im vorliegenden Fall ist ein solches Recht jedoch nicht gegeben. Nach Auffassung des Gerichtshofs kann die Öffentlichkeit kein legitimes Interesse daran geltend machen, zu erfahren, wo Caroline von Hannover sich aufhält und wie sie sich allgemein in ihrem Privatleben verhält, auch wenn sie eine weithin bekannte Persönlichkeit ist. Und selbst wenn ein solches Interesse der Öffentlichkeit besteht, ebenso wie ein kommerzielles Interesse der Zeitschriften, die die Fotos und die Artikel veröffentlichen, so haben diese Interessen nach Ansicht des Gerichtshofs im vorliegenden Fall hinter dem Recht der Beschwerdeführerin auf wirksamen Schutz ihres Privatlebens zurückzutreten.

Der Verband Deutscher Zeitschriftenverleger, der sein eingebildetes Grundrecht auf die kommerzielle Verwertung heimlich geschossener Hüftspeckfotos wanken sah, appellierte an den Bundeskanzler Gerhard Schröder, gegen das Urteil vorzugehen, da es «einen Kernbestandteil der Pressefreiheit» beschneide. «Das wäre ein schwerer Schlag für die Demokratie», sagte der VDZ-Geschäftsführer Wolfgang Fürstner. Ein schwerer Schlag war es aber nur für die Pöbelherrschaft einer Journaille, die der Prinzessin gerne bis ans Ende ihrer Tage auch beim Reiten, Radfahren und Baden aufgelauert hätte.

«Europas Richter hebeln Pressefreiheit aus», meldete, besorgt, die *FAZ*. Der Gerichtshof habe «von vermeintlichen Auswüchsen auf das Ganze» geschlossen: «Kommuniqué-Journalismus wie im ehemaligen Ostblock haben wir zu erwarten. Das ist das Gegenteil von Pressefreiheit. Und mit der Wächterfunktion der Presse ist es vorbei.»

Doch allen Unkenrufen zum Trotz hat die *Bild*-Zeitung ihr Wächteramt auch zwei Jahre später noch tapfer ausgeübt und am 1. Juni 2006 ein Foto veröffentlicht, das den Sohn des Schauspielers Michael Douglas zeigt, wie er, der Sohn, in seinen eigenen Garten uriniert, und zwar, man glaubt es kaum, «ungeniert». Ungenierter als der Prominentensohn dürften sich in dieser Affäre der Pinkelfotograf und der Pinkelfotoherausgeber Kai Diekmann und die Pinkelfotoherausgeberchefin Friede Springer benommen haben. Und das war nun nicht gerade ein Paradebeispiel für den von der *FAZ* prophezeiten «Kommuniqué-Journalismus». Caroline-Urteil hin, sehr persönliche oder sogar intime Informationen über einen Menschen her: Die freie Presse hält weiterhin Wacht am Urin.

Unter der Überschrift «Intimfotos auf Capri – *Bild* muß 40 000 Euro zahlen» berichtete die *Frankfurter Allgemeine Zeitung* am 2. Juni 2006:

«In noch nie dagewesener Weise» habe der mit einem heimlich aufgenommenen Foto illustrierte Artikel in der *Bild*-Zeitung den höchstpersönlichen Lebensbereich von Finanzminister Karl-Heinz Grasser und seiner Ehefrau Fiona Swarovski verletzt, stellte die Richterin im Wiener Straflandesgericht fest und verurteilte das Blatt zur Zahlung der im österreichischen Mediengesetz vorgegebenen Höchststrafe. Der Minister und seine Ehefrau erhalten jeweils 20 000 Euro. Das Urteil ist noch nicht rechtskräftig. Der Vertreter der *Bild*-Zeitung, der Rechtsmittel ankündigte, hatte zuvor um eine «maßvolle Entschädigung» ersucht, mit dem entschuldigenden Hinweis, daß es nun einmal «Betriebsunfälle» gebe.

Der «Betriebsunfall» vom 5. Mai trug die anzügliche Schlagzeile «Hier sucht die Kristall-Erbin die Kronjuwelen beim Finanzminister», dazu veröffentlichte die Boulevardzeitung ein an intimer Stelle gepixeltes Paparazzi-Foto, das das Ehepaar beim Sonnenbaden auf seiner privaten Hausterrasse auf Capri zeigt. Das Anwesen ist das Feriendomizil von Fiona Swarovski, einer Erbin des gleichnamigen Konzerns, der Glaskristalle herstellt. «Die Terrasse ist ziemlich schwer einsehbar. Wenn man sich nicht auf der Mauer befindet oder sich auf hohe Bäume wagt, läßt sich das nicht fotografieren», sagte Grasser im Zeugenstand. Er vermutete, das Foto sei von einer dreihundert Meter entfernten Bucht oder von einer zweieinhalb Meter hohen Stützmauer aus aufgenommen worden, wobei auch ein Zaun hätte weggeschoben werden müssen.

Die lumpigen 40 000 Euro konnte *Bild* bequem durch Anzeigen von Lidl und Aldi und allerlei Zuhältern wieder hereinholen. Um eine «maßvolle Entschädigung» gebarmt zu haben, im vollen Bewußtsein der Tatsache, daß ja nichts Schlimmeres als diese lächerlich niedrige Höchststrafe drohte, die den Verlagskonzern kaum ärger zu jucken vermochte als ein Mückenstich einen Brontosaurus in der Blüte seiner Jahre: Das hätte die Richterin jenem Rechtsvertreter auch als zynische Verhöhnung ihrer richterlichen Würde ankreiden können. Zumal sich dazu noch die Frechheit gesellt hat, die von *Bild* systematisch betriebene Hetzjagd nach Exklusivmaterial aus der Intimsphäre von Prominenten in diesem Rechtsstreit als «Betriebsunfall» zu deklarieren.

Wo gehobelt wird, sollte das wohl bedeuten, da fallen, Gott sei's geklagt, auch Späne: So geht's halt her in einer persönlichkeitsrechtsverletzungsträchtigen Hobelwerkstatt und ihren zahlreichen Zulieferbetrieben. Da kann es schon vorkommen, daß ein neugieriger Fotograf nach Art der Menschenaffen einen Baum erklettert, eine Mauer überwindet oder einen Zaun beiseite schiebt, bis sich die beste Kameraperspektive auf den Genitalbereich eines Ministers eröffnet, der sich auf seiner Ferienhausterrasse einem Privatvergnügen hingibt. Und wenn dann einem übermütigem Redakteur im Eifer des Gefechts um die unflätigste Schlagzeile eine Anspielung auf die «Kronjuwelen» des Ministers herausrutscht, ist der Betriebsunfall perfekt, zum Nachteil des Ministers, freilich, aber solche Unfälle sind leider unvermeidlich, solange es eine freie Presse gibt, die sich der schweren Bürde ihres Wächteramts gewachsen zeigt und das Bußgeld für den Mißgriff in den Kronjuwelenschatz eines Ministers mit einem Griff in die Portokasse begleichen kann.

Es begab sich aber zu der Zeit, als Kai Diekmann Chefredakteur der *Bild*-Zeitung war, genauer gesagt: am 6. Juni 2006, daß er in der Hamburger Hauptkirche St. Katharinen eine Predigt über die Todsünde des Zorns halten durfte. Wer das als abgeschmackten satirischen Einfall abtut, irrt: Diekmanns Auftritt als Prediger in der Katharinenkirche ist ebenso glaubwürdig verbürgt und bezeugt wie der Wortlaut seiner Predigt, in der er sich, um sein journalistisches Ethos zu erläutern, auf Émile Zola berief: «Journalisten sollten Berufszornige sein. Wir müssen aufheulen, wir müssen anprangern. *J'accuse* – das ist Zorn plus Neugierde. Die Todsünde des Journalismus ist die Zornlosigkeit.»

Das wagte – und in einer Kirche – der Herausgeber einer Zeitung zu sagen, die wenige Tage zuvor ein Model mit geschwollener Wange, ein «Botschafts-Luder» und einen in der «Busen-Klemme» steckenden Party-König an den Pranger gestellt hatte. Und diesem ursulinengeschulten Titelmiezenjongleur und Piesel-Affären-Mogul, der sich erfrechte, seine Schaumglockenbörse in die Tradition eines Émile Zola zu rücken und sich selbst noch der heiligen Anklageformel «J'accuse» zu bemächtigen, lauschte andächtig eine Kirchengemeinde, statt dem Prediger zu zeigen, wo der Zimmermann aus Nazareth das Loch gelassen hat. Auf ein Christentum, das so etwas zuläßt, ist kein Verlaß mehr. Wenn selbst der Diekmann im Vatikan antichambrieren und in Kirchen predigen darf, verliert auch die Polemik gegen das Christentum ihren Reiz und sinkt hinab auf das Niveau des kindlichen Rührens in Matschepampe.

Nach einem Bericht der *Süddeutschen Zeitung* hat Diekmann in seiner Predigt Selbstkritik geübt: «Auf die dem 9/11-Attentäter Mohammed Atta zugedachte Headline ‹Terroristenbestie – Wir wünschen dir die ewige Hölle› sei er nicht stolz. Da sei Zorn in Raserei umgeschlagen, denn so etwas wünsche ein Christenmensch niemandem.»

Mag sein. Zwei Tage nach seiner Predigt veröffentlichte Kai Diekmann in seiner Zeitung neun hochbetagte «Sex-Fotos» aus dem Vorleben einer mit Paul McCartney verheirateten Frau und die Schlagzeile «Sir Paul, haben Sie diese hübschen Bilder schon mal gesehen?» Man sah da die von Paul McCartney in Scheidung lebende Heather Mills bei sexuellen Interaktionen mit einem männlichen Model. Das Fotomaterial hatte *Bild* von den Kollegen der britischen Dreckpresse übernommen, die Genitalregion mit grünen Apfelsymbolen verdeckt und die Äpfel mit sinnigen Songtiteln aus dem Repertoire der Beatles beschriftet: «Ob-la-di, Ob-la-da», «Yellow Submarine» und «Fixing A Hole». Wer «diese hübschen Bilder» und ihre Nutzanwendung auf Seite 4 der *Bild*-Zei-

***Bild*, 8. Juni 2006**

tung gesehen hat, wird den Song «Fixing A Hole» nie wieder hören können, ohne an seine Besudelung durch den Christenmenschen Kai Diekmann zu denken. Allein dafür hätte er die strengste Erziehung verdient, die den Masochisten unter seinen Kunden im Annoncenteil versprochen wird.

Auf derselben Seite meldete *Bild*, daß die Schauspielerin Nicole Kidman «im Dunkeln heiraten» wolle: «Kino-Star Nicole Kidman (38) will den Sänger Keith Urban (38) am 25. Juni im Dunkeln heiraten, damit Paparazzi keine Fotos machen können. Das Paar soll in Sydney zudem sämtliche Helikopter angemietet haben, damit keine Bilder aus der Luft möglich sind.» Die Veröffentlichung dieser Meldung in *Bild* sagt einiges über ihren Wahrheitsgehalt aus, aber sie klingt auch nicht unglaubwürdig, und man kann sich denken, in welchen mit Neugierde untermischten Zorn sie Kai Diekmanns großes Vorbild Émile Zola versetzt hätte. Zola, lebte er heute, wäre persönlich in einem Helikopter des Springer-Konzerns von Berlin nach Sydney geknattert, mit einer Infrarotkamera im Sturmgepäck und einem Laptop auf dem Schoß. «J'accuse!», hätte Zola geschrieben und auf Nicole Kidman herumgehackt: «Warum soviel Geheimniskrämerei am schönsten Tag des Lebens, Mademoiselle? Wir müssen aufheulen, wir müssen anprangern!»

So wie am 12. Juni 2006, als *Bild* die Schamlosigkeit der zweiten Ehefrau von Paul McCartney beklagte. Unter der Überschrift «Ich bin der PORNO-PARTNER von Paul McCartneys Frau – ‹Sie war so schamlos. Sie zeigte mir alles›» berichtete der angesehene Beatles-Experte Peter Michalski von «peinlichsten Enthüllungen» und «deftigen Geständnissen» eines Immobilienmaklers:

Vier Wochen nach der Trennung vom Ex-Beatle packt nun Heathers Partner aus dem Sexbilderbuch (*Bild* berichtete) aus. Peter Wilson (48) zur Briten-Zeitung *Mail on Sunday*: «Ich hab' schon mit Hunderten Mädchen geschlafen. Aber eine wie Heather ist mir noch nie begegnet. Sie war so schamlos.»

Schon Minuten nach dem Kennenlernen habe sie sich nackt zurückgelehnt, ihn alles sehen lassen. Wilson: «Sie fragte: ‹Wieviel, denkst du, könnte ich für diese Aufnahme kriegen?›»

Einen Tag lang standen, lagen und knieten die beiden 1988 vor der Kamera. Die Gage damals: je 430 Mark. [...]

McCartneys Ehefrau habe bei den Aufnahmen genau gewußt, was sie zu tun hatte. Wilson: «Es machte ihr echt Spaß. Als ihr Sahne aus dem Mund auf den Busen kleckerte, forderte sie mich auf: ‹Sei ein Gentleman, leck es ab.›»

Wilson erinnert sich: «Ihr Mund berührte mich. Ich wurde sichtbar erregt und sagte ‹Sorry›. Sie sagte: ‹Na, Grund zur Verlegenheit hast du wirklich nicht.› Ich bin nun mal ein Mann, und ein größeres Kompliment kann eine Frau einem kaum machen.»

Bei den wilden Spielen sei auch ein Vibrator zum Einsatz gekommen. «Richtigen» Sex hätten sie aber nicht gehabt. Wilson: «Aber zum Schluß kannte ich ihren Körper aus jedem Blickwinkel. Eigentlich sollte alles nur simuliert sein. Wir ließen jedoch viele Grenzen hinter uns.»

So wie Peter Michalski, dem man für dieses Sahnestück journalistischer Feinarbeit den Pulitzerpreis zuerkennen sollte: Dann wäre dieser Schlüssellochkucker schlagartig so berühmt, daß er selbst im Fokus der massenmedialen Aufmerksamkeit seinen Mann zu stehen hätte. Die Rasselbande der berufszornigen Flaneure des Boulevards würde ihrerseits alles stehen, liegen und knien lassen für das deftige Geständnis einer möglichen Porno-Partnerin des Preisträgers. Es müßte keine mallorquinische Immobilienkauffrau sein; am untersten Ende des Boulevards werden auch Aussagen von noch übler beleumdetem Volk auf Band aufgenommen, quittiert und vermarktet. Insider munkeln, daß man dort nicht einmal mehr vor der Enthüllung zurückschrecke, daß bei wilden Spielen auch ein Vibrator «zum Einsatz gekommen» sei.

Ob auch auf Peter Michalskis Matratze jemals «ein Vibrator zum Einsatz gekommen» ist, das wäre zwar nicht gar so leicht herauszubringen wie die präzise Erinnerung eines mitteilungsbedürftigen Gentleman an das Jahrzehnte zurückliegende Liebesgeflüster mit Paul McCartneys nachmaliger zweiter Ehefrau, aber es wäre doch wünschenswert, nun auch Peter Michalskis süßestes Geheimnis zu erfahren und seinen Körper aus jedem Blickwinkel kennenzulernen. Für einen zünftigen Vorkoster feuriger Bettsensationen dürfte das kein Grund zur Verlegenheit sein. Wird Peter Michalski uns alles sehen lassen?

Unvoreingenomme Betrachter des Pressewesens würde es schon hinlänglich erbauen, vor diesen Herrn Michalski einen Erzengel hintreten zu sehen, der ihn mit der Nase darauf stieße, was er in seinem Berufsleben verkleckert und fallen gelassen hat, und der zu Herrn Michalski sagte und spräche: «Sei ein Gentleman. Leck es ab.»

Bild, das soll hier nicht verschwiegen werden, kann auch fröhlich sein: «Deutschland zeigt Flagge! Ein ganzes Land trägt Schwarz-Rot-Gold.» Die Fußball-WM, berichtete der *Bild*-Kommentator Oliver Santen am 13. Juni 2006, habe «Deutschland zum Land des Lächelns gemacht ... Die immer schlecht gelaunten Miesmacher brauchen wir nicht.» Unverkrampft und gutgelaunt hat sich auch der *Spiegel*-Redakteur Matthias Matussek in *Bild* zu seinem «Nationalgefühl» bekannt. *Bild:* «Warum blüht das Herz der Deutschen erst jetzt zur WM auf?» Matussek: «Weil die Menschen erkannt haben: Die WM bietet eine einmalige Chance, alle Vorurteile über uns zu widerlegen, zu zeigen, daß Nationalgefühl nichts Finsteres und nichts Bösartiges ist, sondern etwas ganz Natürliches, ja sogar Leichtes, Tänzerisches.»

Mit tänzerischer Leichtigkeit hatte Matthias Matussek sich auch früher schon als gerngesehener Gast des Hauses blicken lassen und sich in seinem Buch «Wir Deutschen. Warum uns die anderen gern haben können» (Frankfurt am Main: S. Fischer Verlag 2006) unverblümt über seine Gossenkontakte ausgelassen:

Die *Bild*-Zeitung bietet das agonale Spektakel. Sie feiert in einer Arena am Fuße des Springer-Hochhauses, mit Fußball-Großbildwand und Schweinebraten. Und die Stimmung ist bald in einer äußerst gepflegten Art und Weise außer Rand und Band, denn Holland verliert in diesem Europa-Pokal-Spiel. Auch Springer-Vorstand Mathias Döpfner lächelt, und es macht mir überhaupt nichts aus, zu ihm aufzuschauen. Jeder muss das. Er ist souverän und einfach sehr groß. Er muss über zwei Meter sein. [...]

Deutschland braucht Mut, sagte der Bundespräsident in seiner Rede. Da Mut aber keine kollektive Kategorie ist, sondern eine individuelle, frage ich herum in diesem bunten Maskenzug der Berliner Republik.

Was das Mutigste war, das er in seinem Leben gemacht hat? *Bild*-Chef Kai Diekmann bietet einen beachtenswerten haarsträubenden Biker-Trip durch Mittelamerika an und CDU-Generalsekretär Laurenz Meyer, auch nicht schlecht, seinen Wechsel zu Angela Merkel. Dann erzählt er einen schweinischen Witz, und Franz Josef Wagner, der kettenrauchende Jacques Brel unter den deutschen Kolumnisten, steckt sich eine weitere Gitanes an und lacht ein Lachen, das klingt, als kollere eine Tonne die Straße hinunter.

So wuchs zusammen, was zusammengehörte: Springers Schweinebraten und der kosmopolitisch orientierte Kulturchef Matussek; der äußerst gepflegte Patriotismus eines schweinische Witze erzählenden CDU-Generalsekretärs und der Wagemut, mit dem ein *Spiegel*-Redakteur die derben Einzelheiten seines Zechgelages mit *Bild*-Journalisten ausbreitete, in der aberwitzigen Hoffnung, mit solchen Auskünften Vorurteile über die Bierseligkeit seiner patriotischen Gesinnung zu widerlegen. Mit dem *Bild*-Kolumnisten Franz Josef Wagner war Matthias Matussek so eng befreundet, daß er nach der Veröffentlichung seines Buchs einen offenen Liebesbrief von Wagner empfangen durfte: «Es ist ein Buch wie frische Luft. Es ist ein Buch wie Heinrich Heine, der Dichter der Loreley, es heute geschrieben hätte. Deutschland in Love.»

Wie aber sind sie Freunde geworden, der gleichermaßen auf Goethes «Faust», die Dresdner Frauenkirche und die Maße einer Heidi Klum so stolze Bildungsbürger Matussek und der brabbelnde Gossenpressenkolumnist? Auch dieses

Geheimnis hat Wagner gelüftet: «Vor 20 Jahren waren wir einmal im Stadion, die Nationalhymne wurde gespielt. Als seine Augen feucht wurden, wurde ich sein Freund. Ich finde es großartig, wenn einem bei der Nationalhymne die Tränen kommen.» Und wer's nie gekonnt, der stehle sich aus diesem Weinlokal.

Denn was wäre der schönste Nationalstolz ohne den Rochus auf die vaterlandslosen Gesellen, denen bei solchen Gelegenheiten etwas ganz anderes hochkommt? «Das ganze Land im WM-Rausch – Auch die Kanzlerin schreit für Deutschland», jubilierte *Bild* am 16. Juni 2006. «... aber einige haben immer was zu meckern – Jetzt kommen die Miesmacher»:

Deutschland, einig Fußball-Land: Hupkonzerte, schwarz-rot-goldene Fahnen, Jubel! Ein Land, «in dem sonst selten gelacht wird» (der französische Politologe Alfred Grosser), ist plötzlich außer Rand und Band vor Begeisterung. Aber einigen notorischen Miesmachern paßt der WM-Patriotismus nicht in ihr griesgrämiges Deutschland-Bild.

Heiner Geißler, ehemaliger CDU-Generalsekretär, nörgelte laut *Spiegel Online*: «Es reicht langsam. Es gibt ein ukrainisches Sprichwort, das heißt: ‹Wenn die Fahnen fliegen, ist der Verstand in der Trompete.› Wir haben den Zustand, daß uns der Verstand verlorengeht, bald erreicht.»

Der Kabarettist Dieter Hildebrandt stänkerte in der *Abendzeitung* über das Absingen der Nationalhymne: «Dieser Art der Zelebration entspricht die Qualität des Gebotenen einfach nicht – so wie heutzutage Fußball gespielt wird. Ich plädiere für das Abschaffen von Nationalhymnen bei Länderspielen.» Und: «Warum eigentlich soll einer stolz sein, Deutscher zu sein? Da kann doch keiner was dafür.»

Der grüne Alt-Linke Hans-Christian Ströbele erhob gestern seinen Zeigefinger im ARD-Morgenmagazin: «Ich finde das Fahnenschwenken nicht unbedingt gut. Also, ich habe nicht vor, mir die deutsche Fahne ans Fahrrad zu machen … Wir haben auch eine jüngere Vergangenheit, die uns alles andere als stolz sein läßt.»

Überraschend dagegen die Meinung des grünen Abgeordneten Daniel Cohn-Bendit. Der Alt-Linke laut *taz*: «Einen Nationalismus mit so einem menschlichen Antlitz hat es selten gegeben. Speziell manche Linke brauchen auch ein bißchen mehr Souveränität im Umgang mit diesem Bedürfnis nach Identifikation.»

«Alt-Linke» sind, im *Bild*-Jargon, Linke, die zum alten Eisen gehören, weil sie nicht clever genug waren, als Mittvierziger ihrem Kontostand mit lukrativen *Bild*-Kolumnen aufzuhel-

Das ganze Land im WM-Rausch

Auch die Kanzlerin schreit für Deutschland

Bild, 16. Juni 2006

fen und im Vorruhestandsalter beim Schweinebraten à la Matussek zwischen Diekmann, Döpfner und Wagner *entre nous* zu verkehren. Weniger überraschend, als die *Bild*-Zeitung behauptet, nimmt sich in diesem wahrlich bunten Zug von Charaktermasken das Bekenntnis des Partylöwen Daniel Cohn-Bendit zu einem Nationalismus mit menschlichem Antlitz aus. Speziell manchen weltzugewandten Alt-Linken mangelt es durchaus nicht an Souveränität im Umgang mit ihrem eigenen Bedürfnis nach einem Scheibchen vom Schweinernen.

Bild, 14. Juni 2006, Seite 1:

Heute 21 Uhr
WM-Knaller
Klinski, putz die Polski!

Nach dieser tänzerischen Widerlegung gewisser Vorurteile fragte sich Franz Josef Wagner auf Seite 2 in einem «Liebesbrief an Deutschland»: «Was ist geschehen, daß wir unser Land ohne Scham wieder lieben?» Die Liebe zu unserem Land ohne Scham war in Wagner entbrannt, wo ein Deutscher – aber das kann niemand so schön erzählen wie Wagner selbst: «Ich glaube, es begann mit dem Papst. Es war das Großereignis, wo ein Deutscher aus der Generation Hitler zum Stellvertreter Gottes gewählt wurde.» Wenn Liebe blind macht, darf sie das wohl auch für einen raschen Seitenblick ins Geburtsregister: 1927, als Joseph Ratzinger auf die Welt kam, marschierte die Generation Hitler schon stramm auf die Vierzig zu. Wagners Vaterlandsliebe mußte das keinen Abbruch tun: «Ich denke», schrieb er, stark übertreibend, «daß wir alle Heimweh haben, pures Heimweh, Heimweh zueinander. Heimweh zu seiner Frau, zu seinem Kind, zu seiner Familie, Heimweh zu seinem Land.»

Die Absurdität der Unterstellung, wir alle hätten Heimweh nach ihm und einem Sitzplatz in seiner Wohnküche, konnte nur ein Deutsch radebrechender *homme de lettres* wie Franz Josef Wagner mit dem Credo überbieten, daß wir «Heimweh zu seiner Frau» hätten. Die soll er mal lieber für sich behalten, ebenso wie sein Kind, seine Familie, sein Land und, allem anderen voran, seinen Sabbel.

Was man tun muß, um in *Bild* als «SEX-RIESE» aufzuragen, ist folgendes: Man muß wachsen, bis man zwei Meter lang ist, und dann eine Frau vergewaltigen und erwürgen. Eine Frau, die als «Bikini-Mädchen» Erwähnung finden will, genießt eine etwas freiere Auswahl: Sie kann, wie noch zu zeigen sein wird, ein Verhältnis zu einem bekannten Fernsehschauspieler anspinnen und sich neben ihm am Tegernsee im Bikini ablichten lassen. Sie kann aber auch anders verfahren, indem sie nämlich nach ihrer Vergewaltigung und Ermordung aus ihrem Nachlaß ein Foto zur Veröffentlichung freigibt, das sie als «hübsches, glücklich strahlendes Bikini-Mädchen» zeigt, so wie in *Bild* am 14. Juni 2006 auf Seite 3 unter der Überschrift «SEX-RIESE GESTEHT – Schöne Nachbarin vergewaltigt und gewürgt»:

Stendal – Den Slip der hübschen jungen Frau bewahrte der Verdächtige auf. Wie eine Trophäe!

Der Tod von Anja Blum († 20) aus Rietzel (Sachsen-Anhalt). Seit gestern wird Nachbar Sven B. (23) vor dem Landgericht Stendal der Prozeß gemacht. Ein kräftiger 2-Meter-Riese!

Er soll das Bikini-Mädchen im Juni 2005 nach einem Disco-Besuch vergewaltigt, erwürgt und die Leiche anschließend in einem See versenkt haben (*Bild* berichtete). Eine Spermaspur am Slip des Opfers, den die Polizei bei einer Hausdurchsuchung gefunden hatte, soll den Angeklagten überführt haben.

***Bild*, 14. Juni 2006**

Relativ glimpflich davongekommen war hier der «SEX-RIESE», dessen Nachnamen *Bild* freundlicherweise abgekürzt hatte. Das mit vollem Namen genannte Mordopfer dagegen mußte seine Reize posthum als Blickfang im bauchnabelfreien Kostüm entblößen, gleich links neben der Werbung für eine Creme gegen Fußpilz. Mit vollem Namen sei hier auch der Verfasser des Artikels genannt: Andreas Radeck heißt der hochtalentierte Gerichtsreporter, dessen laszives Gezischel über den «Slip der hübschen jungen Frau» und die «Spermaspur am Slip des Opfers» sich die Leserschaft auf der Zunge zergehen lassen konnte.

Andreas Radeck, von Beruf Sex-Reporter, Sperma-Spürhund und Slip-Kapazität (kennt sich aus mit Sex-Riesen und erwürgten Bikini-Mädchen). Diesen Namen sollten wir im Gedächtnis bewahren. Wie eine Trophäe.

Weiter geht es mit den Kurznachrichten. *Bild*, 15. Juni 2006: «Sydney – Keiner darf ran: Die Schaulustigen nicht an die Kirche – und der Bräutigam nicht an die Braut! Die Hochzeits-Vorbereitungen von Hollywood-Star Nicole Kidman (38) werden immer merkwürdiger!» Denn: «Angeblich haben Kidman und Urban bis zur Hochzeitsnacht am 25. Juni keinen Sex mehr – um die Leidenschaft zu erhöhen, wenn's nach dem Ja-Wort zur Sache geht.»

Nicole Kidman
Kein Sex vor der Hochzeitsnacht

Bild, 15. Juni 2006

«Angeblich», das ist als Quellenangabe zwar noch eine Idee charmanter als «Freunde des Paars», aber selbst wenn die Nachricht zuträfe, bliebe zu recherchieren, mit welchem Recht Kai Diekmann seine Nase wieder einmal ungebeten in die Schamteile einer Dame gesteckt hat. Was heißt gesteckt? Gerammt – auf dem Boulevard, am hellichten Tag, vor zwölf Millionen Zuschauern, während der Ratsvorsitzende der evangelischen Kirche und der Pontifex maximus, zwei alte Freunde des Hauses Springer, ein Auge zudrückten und der ehernen Schweigsamkeit des Bischofs Huber ein fast körzdörferisches Format zuwuchs.

In einem Spiegel-Gespräch mit Günter Grass mahnte der Springer-Chef Mathias Döpfner am 19. Juni 2006 die Kritiker der *Bild*-Zeitung ab:

> Es ist so einfach, die *Bild*-Zeitung von der Empore des guten Geschmacks aus zu kritisieren. Ich finde es langsam fast kläglich, wie sich manche Intellektuelle seit Jahrzehnten an ihr abarbeiten. Da gäbe es für substantielle Medienkritik ambitioniertere Ziele. Das ist ungefähr so, als wenn Wagnerianer ihren Hass auf die leichte Muse immer wieder an Léhars Operetten abreagieren.

Mit anderen Worten: Wer sich mit niederem Gewürm wie uns befaßt, der kann kein großer Geist sein. Intellektuelle müßten doch edlere Absichten im Schilde führen als gerade die, ein Geschmacksurteil über Europas größte Tageszeitung zu fällen, deren Titelmiezen, Fickgeschichten und Bumskontaktanzeigen ich, Mathias Döpfner, meine Frisur, meinen Schlips, meine Armbanduhr und das Glück verdanke, daß ich hier öffentlich mit einem Nobelpreisträger parlieren darf.

Einerseits orgeln und wagnerianern solche Pressefritzen sechsmal wöchentlich in *Bild* und am heiligen Sonntag in *BamS* und *WamS* von den westlichen Werten und trommeln sich auf die Brust und sind in Vatikan und Bundeskanzleramt zu Gast und verdienen sich eine goldene Nase mit der Behauptung, daß sie Papst seien, aber wenn man ihr Benehmen rügt, geben sie einem zur Antwort, daß es unter der Würde eines Intellektuellen sei, sich mit Abschaum wie ihnen überhaupt zu beschäftigen. Dann ziehen sie sich auf den Standpunkt zurück, daß sie ja nur irgendwie etwas ausschneuzten, im Stil von Hans und Franz, sei's Léhar oder Beckenbauer, und daß es gar zu einfach, ja, geradezu kläglich sei, die doch sowieso nur zum Vergnügen der Unterschicht ausgeschneuzten Sekrete eines Leitmediums unters Mikroskop zu legen. Über solche tolldreisten Ausflüchte hat sich Karl Kraus schon vor achtzig Jahren amüsiert: Ja, hat denn diese Krämerseele nichts Besseres zu tun, als sich mit Gesocks wie uns auseinanderzusetzen, dem erbärmlichsten unter der Sonne?

Irrig ist Döpfners Annahme, daß man sich auf eine «Em-

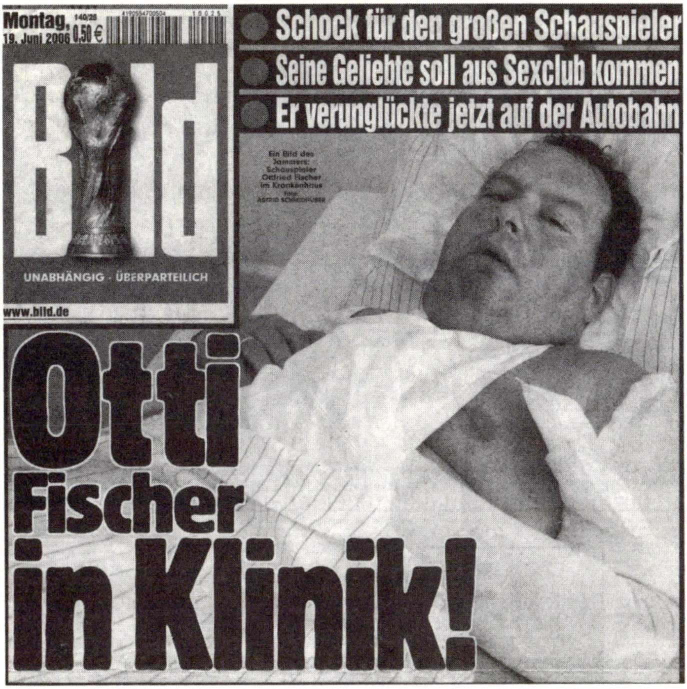
Montag, 19. Juni 2006
140/25
0,50 €
Bild
UNABHÄNGIG · ÜBERPARTEILICH
www.bild.de
Schock für den großen Schauspieler
Seine Geliebte soll aus Sexclub kommen
Er verunglückte jetzt auf der Autobahn
Ein Bild des Jammers: Schauspieler Ottfried Fischer im Krankenhaus
Otti Fischer in Klinik!

Bild, 19. Juni 2006

pore» begeben müsse, um das Niveau der *Bild*-Zeitung beurteilen zu können. Es genügt, mit beiden Beinen auf dem Boden des Grundgesetzes zu stehen, dessen ersten Artikel zu memorieren und dann die *Bild*-Zeitung vom 19. Juni 2006 zu lesen: «Otti Fischer in Klinik! – Schock für den großen Schauspieler – Seine Geliebte soll aus Sexclub kommen – Er verunglückte jetzt auf der Autobahn ... Vor dem Unfall hatte der TV-Star erfahren, daß seine neue Freundin Michaela Z. (37) im Rotlicht-Milieu gearbeitet haben soll. Wie der Unfall passierte, was er über die Rotlicht-Vergangenheit seines Bikini-Mädchens sagt – Seite 5.» Aufgemaschelt worden war der Skandalbericht über das «Bikini-Mädchen» des «Bullen von Tölz» und das Ende seiner Ehe durch ein Foto des bandagierten Unfallopfers auf Seite 1 überm Knick.

Für eine substantielle Medienkritik gäbe es ambitioniertere Ziele: Man könnte, beispielsweise, erforschen, unter welchen sonderbaren Umständen ein ehemaliger Mitarbeiter des linksradikalen *Berliner Extradiensts* sich zum Literaturkritiker der *Welt* gemausert haben mag, um in deren Auftrag Romane zu verreißen, die er nachweislich nicht gelesen hat. Von größerem Belang für die Sittengeschichte der Bundesrepublik ist indessen die Brutalität, mit der *Bild* in der persönlichen, kein Schwein etwas angehenden Vergangenheit jenes «Bikini-Mädchens» nach Trüffeln gewühlt hat, um sie am 20. Juni 2006 unter der Schlagzeile «Trieb Geldnot das Bikini-Mädchen in den Sex-Club?» in den Trog schütten zu können. Der feine Pressemensch Fabian Posselt hatte sorgfältig recherchiert:

Michaela Z. soll unter dem Namen «Mandy» im «Studio Noblesse» und «Studio der Lust» ihre Dienste angeboten haben. Auf der Internetseite des «Studio Noblesse» findet der Kunde die Preisliste: «Französisch oder Verkehr mit Schutz: 80 Euro». Angeblich inserierte Ottfried Fischers Bikini-Mädchen in Wien auch im «Sex-Magazin». Doch sie bestreitet, Prostituierte gewesen zu sein.

Michaela Z., die sich gegenüber dem «Bullen von Tölz» als Verlagsmitarbeiterin ausgab, soll in der «Kontrollstelle» im Bezirk 1 als Prostituierte angemeldet gewesen sein, zehn Jahre lang. Sie hatte angeblich auch eine sogenannte «Grüne Karte», im Volksmund «Bockschein» genannt. Das bedeutet: Sie mußte sich einmal pro Woche in der Kontrollstelle in der Neutorgasse melden und medizinisch untersuchen lassen.

Michaela Z. ist seit Tagen allerdings nicht mehr in ihrem Stammclub «Studio Noblesse» aufgetaucht.

Eine Kollegin zu *Bild*: «Sie taucht gerade unter, weil sie nicht erkannt werden will. Sie hat große finanzielle Probleme.»

Gut zu wissen. Dem anderen Problem, das dem «Bikini-Mädchen» seine jähe Bekanntheit bereitete, half *Bild* durch die Veröffentlichung eines Porträtfotos auf, und man kann sich nur wundern, wo der zuständige, auf die Wahrung seiner Ehre bedachte Zuhälter geblieben ist, der den Reporter,

***Bild*, 20. Juni 2006**

den Herausgeber, den Vorstandsvorsitzenden und die Verlegerin mit milieugerechten Methoden darüber belehrt, daß es sich nicht zieme, in einer Vagina Pressekonferenzen abzuhalten.

Rede und Auskunft über die Affäre standen *Bild* der tolpatschige Schauspieler («Mein Leben ist ein Scherbenhaufen»), seine Ehefrau und Managerin Renate Fischer («Es tut alles so weh») sowie unter anderem die Schauspielerin Marie Luise Marjan («Ich würde mich für Otti entscheiden») und eine ebenfalls um ihren Senf gebetene «Noch-Ehefrau von Til Schweiger» («Wenn man in einer Beziehung einmal die Unwahrheit sagt, geht es nicht mehr weiter»). In einem Bericht der *Süddeutschen Zeitung* vom 21. Juni 2006 hieß es dazu:

Aus Sicht von *Bild* ist das Timing perfekt: Der Fall des Bullen paßt als Fünf-Tage-Quickie exakt zwischen die Deutschland-Spiele gegen Polen und Ecuador. Erstaunlich ist nur, wie bereitwillig der sonst eher wortkarge Schauspieler Auskunft über seine privaten Probleme erteilt. Es scheint, als würden alle Beteiligten unaufhörlich mit den Medien reden. Renate Fischer weist das zurück. «Ich habe ein paar Mal mit der *Bild*-Zeitung telefoniert. Die nehmen halt jeden Tag einen Teil von der Geschichte her», sagt die frühere Radiomoderatorin, die das Geschäft kennt und weiter Managerin ihres Mannes bleiben will. «Ich kann ja *Bild* nicht zum Feind erklären. Man kann nicht einfach nichts sagen, wenn man Spekulationen vermeiden will.»

Auch die Münchner *Abendzeitung* wurde mit Details versorgt. «Schließlich haben die meinen Mann viele Jahre lang hochgeschrieben», sagt Frau Fischer. Donnerstagnacht habe sie von der Affäre aus der Presse erfahren, seitdem seien sie und ihr Mann von der Kampagne überrollt worden.

Weil Fischer eine so ungeheuer öffentliche Figur ist und für vermeintlich Exklusives viel Geld geboten wird, sprudeln

Gerüchte aus vielen Quellen, nicht nur aus dem Wiener Bikini-Milieu. Sogar aus der Murnauer Klinik, in der Fischer operiert wurde, hätten sich Patienten bei den Blättern gemeldet – und 300 Euro für die Information verlangt.

So ging es hin und her im jungen deutschen Kultursommer 2006: Eine mit dem Nachrichtengeschäft vertraute Frau, die in ihrer Betriebsblindheit außerstande war, sich eine berufliche Zukunft als Feindin der *Bild*-Zeitung vorzustellen, tanzte nach Kai Diekmanns Pfeife und erörterte in dessen Auftrag die intimsten Ehekrisensymptome («Nachts wache ich auf und frage mich, Renate, wie soll es jetzt mit dir weitergehen?»), während geldgierige Klinikpatienten mit nachrichtenhungrigen Sonderkorrespondenten um das Honorar für heiße Informationen über Fieberkurve, Appetit und Stuhlgang des lädierten Ehemanns feilschten. Das war Deutschland in Love, inspiriert von jener leichten Muse, die von Mathias Döpfner als Geschäftspartnerin hofiert und gemolken und nur gegenüber Medienkritikern als schmuddeliges Ding bezeichnet wurde, über dessen Rüpelhaftigkeit man doch unter Ehrenmännern kein Wort zu verlieren brauche.

Aus der Nachrichtenquelle, in die er, zu seinem Glück, nicht persönlich hinabsteigen mußte, um sie zum Sprudeln zu bringen, förderten Döpfners Leute am 22. Juni 2006 etwas Längeres und Schmieriges zutage, das in einer anderen, besseren Welt als abschreckendes Dokument der Schande unseres Jahrhunderts in die Lesebücher übernommen würde. Ottfried Fischer habe, nach Aussage seiner Geliebten, «erst vergangenes Jahr im September in Wien» ein Bordell aufgesucht:

Als *Bild* Ottfried Fischer an seinem Krankenbett erreicht und mit Michaelas Aussagen konfrontiert, reagiert er gefaßt. «Ja, es stimmt, ich war oft zusammen mit einem Film-Kollegen im Club Babylon, um dort an der schönen Bar Grappa zu trinken», gibt er zu.

War das wirklich alles?

Fischer räumt zähneknirschend ein: «Einmal bin ich mit einem Mädchen nach oben gegangen. Meiner Frau Renate habe ich diese Sache bereits gebeichtet.»

Das war wichtig genug für einen Aufmacher auf Seite 1 («OTTFRIED FISCHER – Neue Sex-Beichte! Ich war auch im Bordell») und weiteres Sexualnachrichtengerümpel auf Seite 5 («Ottfried Fischers ehrliche Bordell-Beichte – ‹Ich bin mit einem Mädchen nach oben gegangen›»). Der Kern der Sache, um die sich hier alles drehte, war die Frage, ob der an seinem Krankenbett von *Bild*-Reportern verhörte und mit Gerüchten über eine Bordellvisite konfrontierte Schauspieler seinen Piephahn jemals in die Mumu einer im Club Babylon tätigen Prostituierten eingeführt habe. Es ging, kurzum, ums «Einfoppen des Bumm» (Eckhard Henscheid): Hatte Herr F. Frau X. penetriert? Oder nicht? In atemloser Spannung wartete die Nation auf ein erlösendes Wort von Frau F., die sich am 23. Juni 2006 exklusiv in *Bild* zu der Erklärung durchrang, daß ihr «Otti» doch «auch nur ein Mann» sei. Überschrift: «Überraschende Wende im Ehedrama Fischer – ‹Ich verzeihe Otti den Bordell-Besuch›».

Noch eine Etage tiefer auf der Seite fragte *Bild* «die renommierte Ehe-Therapeutin Christine Baumans (54)»: «Wie ist es mit dem ersten Sex nach dem Fremdgehen?»

«Eine extrem schwierige Situation für beide», warnt Christine Baumanns. «Möglicherweise ‹kann› der Mann nicht, weil er befangen ist: ‹Hoffentlich denkt sie jetzt nicht daran!› Und SIE grübelt: ‹Wie hat die andere es gemacht, ist sie besser?›

Der Tip der Therapeutin: Humor! «Falls der Sex nicht

klappt oder beide keine Lust haben, einfach zärtlich sein – und lachen. Das befreit!»

Man muß kein Mitleid haben mit einem Wrack, das an seinem Krankenlager, mit entblößter Brustwarze, *Bild*-Reportern Seitensprünge gesteht, oder einer Managerin, die ihr eigenes «Ehedrama» in der *Bild*-Zeitung bespricht, und auch nicht mit einer Frau, die sich als abservierte Mätresse in schmutzigen Illustrierten über die Bordellbesuche ihres ehemaligen Liebhabers ausläßt. Der Verdacht, daß diese Menschen einander verdient haben, ist nicht von der Hand zu weisen. Aber daß der Chef eines Reporterteams, das einem bettlägerigen, Zweifeln an seiner geistigen Gesundheit Nahrung gebenden Patienten täglich zwei bis drei «Sex-Beichten» abgenommen und die potentiellen Erektionsschwierigkeiten des reuigen Casanovas F. beim «ersten Sex nach dem Fremdgehen» bekakelt hat, bald darauf vom Bundespräsidenten offiziell empfangen und bewirtet worden ist und daß dieser beeindruckend wertkonservative Präsident vom Gipfel des in *Bild* angerichteten Scherbenhaufens einer Schmierenschauspielerehe herab seinen ungebrochenen Stolz auf Deutschland proklamiert – muß man sich das als Steuerzahler gefallen lassen? Oder darf man unter solchen Umständen den Steueranteil einbehalten, der für einen schrulligen, seiner Amtswürde persönlich hohnsprechenden Bundespräsidialkasper anfällt?

Man muß sich das vorstellen: Der Präsident konferiert mit einem Puff-Journalisten, der gerade eben noch inbrünstig unterm Bikini gejodelt hat. Eine extrem schwierige Situation für beide Seiten. Möglicherweise «kann» der Journalist nicht, weil er befangen ist: «Hoffentlich denkt der Präsident jetzt nicht an die vierzig Mille, die wir für das Familiensilber auf Capri abdrücken mußten!» Und der Präsident grübelt: «Wie hat der Otti das gemacht mit der *Bild*-Zeitung? War er besser?» Den paartherapeutischen Tip, einfach nett und zärtlich zueinander zu sein, wenn das Techtelmechtel zwischen Gosse und höchstem Staatsamt ins Stocken gerät, scheinen beide Parteien beherzigt und sämtliche Klippen ihrer Geschäftsbeziehung mit Humor umschifft zu haben.

Und was ist aus dem «Bikini-Mädchen» geworden? *Bild*, 27. Juni 2006: «Ex-Geliebte kämpft um Ottfried Fischer – Bikini-Mädchen Michaela Z. (37) will ihre Liebe zu Otti nicht aufgeben: ‹Jetzt ziehe ich nach München in seine Nähe› – Dürfen ihre Hände Otti nie wieder streicheln?»

Die Antwort kennt nur der Fabian Posselt.

Wenn man einige Monate die Zeitungen nicht gelesen hat und man liest sie alsdann zusammen, so zeigt sich erst, wieviel Zeit man mit diesen Papieren verdirbt», hat Johann Wolfgang von Goethe einmal bemerkt, und welcher Journalist würde ihm da widersprechen? Nichts ist so alt wie die Zeitung von gestern, sagen die Zeitungsmacher, die es nicht lieben, an ihr gestriges Geschwätz erinnert zu werden. Sie haben mehr als genug mit dem von heute zu tun, und es ist Sache der Kulturhistoriker, das Grundlagenmaterial für die Erforschung der nationalen Geistes- und Sittengeschichte aus den Altpapiercontainern zu klauben.

Wer in diesem Müll herumwühlt, der macht sich schmutzig und muß damit leben, daß die Müllproduzenten die Nase über ihn rümpfen: Ich bitte Sie, mein Lieber – sind Sie nicht Abitur? Da müßten Ihnen doch ambitioniertere Ziele vorschweben als die Analyse des Giftmülls im Hinterhof meiner verkommenen, aber profitablen Sexualnachrichtenfabrik! Weshalb untersuchen Sie nicht lieber, sagen wir mal, die Auflagenentwicklung der *Weltbühne* und Kurt Tucholskys Einfluß auf die Wahlkampfrhetorik seines Verehrers Helmut Kohl? Damit könnten Sie schon eher in der geistigen Welt von heute reüssieren, als wenn Sie sich mit dem Mist befassen, auf dem ein Gockel wie ich seine prominente Position im Ranking der wichtigsten Deutschen und seinen Logenplatz in Bayreuth behauptet. Ich ziehe ja persönlich, nicht anders als Sie, Richard Wagners Lebenswerk dem eines Franz Josef Wagner vor, aber hat denn nicht auch die leichte Muse ihr Lebensrecht?

Gegenfrage: «Kniete sie vor ihm nieder und befriedigte ihn?»

Interesse erregte in diesem bunten Maskenzug der Berliner Republik am 22. Juni 2006 das von *Bild* geprüfte Beinfleisch der Frau eines englischen Fußballstars, und auch das kulturhistorische Ereignis der schmeckleckerischen Vivisektion eines weiblichen Oberschenkels in der Notaufnahme der auflagenstärksten europäischen Zeitung hat es verdient, hier vermerkt zu werden. Unter der Überschrift «Victoria Beckham – Hoppala, was dellt sich denn da?» meldete *Bild*:

> Ups, diese kleinen zarten Dellen, die sich da auf dem Streichholzbeinchen von Victoria Beck- bzw. Magerham (32) abzeichnen, werden doch nicht etwa Cellulite sein …? Für die männlichen Leser zur Erläuterung: «Cellulite» sind gemeine Fettbeulchen, die Normalgewicht-Frauen das Leben ganz schön vermiesen können. Stellt sich die Frage: Wie bitte kommen die fiesen Orangenhautteufelchen an Victorias Magerbeine? Dermatologe Dr. Andreas Kleinheinz, Buxtehude: «Das liegt an der Beschaffenheit der Haut. Deswegen sind auch dünne Frauen nicht davor geschützt.» Irgendwie tröstlich, oder?

Illustriert worden waren diese dermatologischen Erwägungen mit dem vergrößerten Ausschnitt aus einem Foto von «Victoria in Heckansicht: Cellulite-Alarm auf Magerbein?» Mathias Döpfner hat recht: Es ist kinderleicht, in der printmedialen Besabberung von Orangenhautdellen und in hämischen Bemerkungen über die «Heckansicht» einer Dame etwas zu erkennen, das bei höherentwickelten Primaten den Brechreiz auslöst. Um so schwerer müsste die Gewissenslast wiegen, die der Wagnerianer Döpfner auf sich lud, als *Bild* nach den köstlichen Scherzen über Victoria Beckhams «Heckansicht» ein großes Farbfoto ihres sich erbrechenden Ehemanns veröffentlichte und dazu Fragen in den Raum stellte, die geborenen Journalisten auf der Zunge lagen und nur noch ausgespuckt werden mußten: «Fand er das Spiel zum Kotzen?» Und: «Kann ein Metrosexueller schwanger sein?» Und: «Dachte er an die Kreditkarten-Abrechnung seiner Frau?» Näheres eruierte der *Bild*-Reporter Frank Ernst: «Stuttgart, der Tag nach dem Beckham-Brechanfall. *Bild* war am Tatort, machte sich auf die ‹Spurensuche›. Wir fragen: ‹Wo hat sich Becks ganz genau übergeben?›»

Fand er das Spiel zum Kotzen?

Mit Hängen und Würgen ins Viertelfinale: Nach seinem Zauber-Freistoß zum 1:0 gegen Ecuador erbrach sich Englands Kapitän David Beckham (31) auf den Rasen

Fotos: REUTERS

***Bild*, 26. Juni 2006**

Aber vielleicht war ja selbst das nur eines jener spritzigen, von Mathias Döpfner gegen jede ambitionierte Medienkritik in Schutz genommenen Operettenmotive. Es ist schwer zu erraten, auf welcher Etage des Springer-Hochhauses man als Medienkritiker ansetzen muß, um von Mathias Döpfner ernstgenommen zu werden. Ist es statthaft, den am

25. Juni 2006 in der *Bild*-Zeitung erfolgten Auftritt des Nachrichtensendungsmoderators Ulrich Wickert zu kritisieren? Wickert, der sonst im öffentlich-rechtlichen Fernsehen angesichts der Bilder aus Afghanistan und der sich verhärtenden Fronten im Tarifkonflikt eine ernste Miene aufsetzt und in seiner Freizeit ein großes Lesepublikum, das seine Glommse aus dem Fernsehen kennt, mit seichten Plaudereien über moralphilosophische Grundsatzfragen unterhält, wendete bei der WM-Begegnung zwischen Deutschland und Schweden für einen *Bild*-Reporter «lecker Grillwürstchen» und riß für den Fotografen Arme und Beine hoch.

BILD guckte WM mit Wickert

***Bild*, 25. Juni 2006**

Die Hymne. Die Klinsmänner singen. Wickert stimmt ein: «Brüderlich mit Herz und Hand.» Nur einer bewegt die Lippen nicht. Wickert: «Hey, Poldi, sing mit.» Wickert, ich nenn' ihn jetzt einfach mal Uli, schwenkt die schwarz-rot-goldene Fahne.

Anpfiff. Er ruft seine Frau an. «Was tippst du? Ah, 3:1, dann tippe ich 2:1.» Uli klappt das Handy zu, Poldi knipst das 1:0. Uli springt vom Plastikstuhl, reißt die Arme hoch, schwenkt die Fahne. «Das gibt's doch nicht, das gibt's doch nicht. Oh, tut das gut.» Ich denke, ich bin im Film.

Poldi setzt noch eins drauf – und Uli eins auf den Wickert. Seine 1,96 m fliegen in die Luft. «Suuuuper. Suuuuper. Suuuuper. Klasse gemacht. Dieser Klose, dieser Poldi, phantastisch.»

Mann – wie kann einer, der immer wieder von Bombenattentaten oder Naturkatastrophen berichten muß, so fröhlich sein?

Antwort Wickert: «Ich habe Optimismus in den Genen. Man darf das nicht so an sich ran lassen. Meist gelingt's mir.»

So hat sich Ulrich Wickert in *Bild* zum Affen gemacht, mit Optimismus in den Genen und «Emotionen pur». Da brauchte der Reporter gar nicht so zu tun, als ob er glaube, im Film zu sein. Das war die raue Wirklichkeit. Wickert machte Männchen vor Frauchen Friede Springer. Bildunterschrift: «Da bebt das Plastikstühlchen: Ulrich Wickert (63) schreit bei Poldis 2 : 0 entfesselt los. Schade: Im August ist Schluß mit ‹Tagesthemen› (kl. Foto). Wickert plant eine ARD-Büchersendung».

Für diese Aufgabe scheint Wickert sich als zappelnder und grimassenschneidender Würstchenwender im Dienste der *Bild*-Zeitung nicht disqualifiziert zu haben. Ein Mann, der wenige Zentimeter oberhalb der «Astro-Tips» im Glückshoroskop einer großen, Bumskontakte vermittelnden Tageszeitung sein Plastikstühlchen beben läßt und in der Manier eines Funkenmariechens die Beine wirft, plant eine Büchersendung, die wir ihm, als leidgeprüfte Gebührenzahler, finanzieren sollen: Dagegen wäre manches einzuwenden, aber leider hat Wickert, ich nenn ihn jetzt einfach mal Uli, sich durch seine Harlekinade in *Bild* jeder substantiellen Medienkritik entzogen.

Der Springer-Verlag plant offenbar, in Frankreich eine Boulevardzeitung nach Machart der *Bild*-Zeitung herauszubringen», meldete die *FAZ* am 6. Juli 2006 unter Berufung auf französische Presseberichte. «Das Blatt solle im Herbst mit einer Auflage von 600 000 Stück erscheinen und fünfzig Cent kosten. Springer hatte Pläne für eine französische *Bild*-Zeitung im März bekanntgegeben. In Frankreich gebe es möglicherweise eine Marktlücke für eine Tageszeitung mit Boulevardanstrich, zumal der französische Journalismus eher staatstragend sei, hatte Springer-Chef Mathias Döpfner erklärt.»

Was unter einem «Boulevardanstrich» zu verstehen ist, wird die Grande Nation begreifen, sobald der Springer-Chef in der Pariser Marktlücke zu rotieren beginnt und dem eher staatstragenden französischen Journalismus mit

***Bild*, 27. Juni 2006**

dem ätzenden, wertezersetzenden, persönlichkeitsrechtsverletzenden, bikinizerfetzenden, Bordellbesuche verpetzenden und minderjährigen Mädchen im Urogenitalbereich herumschleckenden Journalismus nach Machart der *Bild*-Zeitung in die Parade fährt: «Wir sind 14 und hatten gerade unseren 1. Sex» («Ich mag das auch nicht, wenn die Jungs mir unters T-Shirt fassen wollen, weil ich denke, ich denke, daß ich zu dick bin»).

Toréador, en garde!

Prinz Harry turtelt mit TV-Lesbe», grölte *Bild* am 3. Juli 2006, «nachdem Harry gleich mit drei verschiedenen Girls geturtelt hatte».

Diesem dramatischen, internationales Aufsehen und Auf-

Coralie (jeweils links) drehte für „Playboy TV" Lesben-Filmchen

Prinz Harry turtelt mit TV-Lesbe

Von PETER MICHALSKI

London – **Nach dem Rausch der Kater – für Englands Prinz Harry (21) kam's nach einer Disco-Nacht heftig: Freundin Chelsy (20) drohte aus Kapstadt mit dem Laufpaß.**

„Ich lass' mich nicht für dumm verkaufen", brüllte Chelsy nach Berichten von Londoner Zeitungen

Bild, 3. Juli 2006

horchen erregenden Vorgang schenkte auch die *Süddeutsche Zeitung* Beachtung und bemerkte schnippisch:

Harry, 21, Prinz, wird zum Problemprinzen. Nachdem er schon reichlich dem Alkohol zugesprochen hatte, verletzte sich Harry bei einer Party mit einem Küchenmesser. Statt eine Zitrone für den Gin-Tonic zu zersäbeln, schnitt er sich so kräftig in den Finger, dass Leibwächter ihn zum Notarzt bringen mussten. Die Wunde wurde mit mehreren Stichen genäht. Zu den Partygästen gehörte auch Natalie Pinkham, 28, angeblich eine Ex-Freundin des Prinzen, mit der er bei der Fete geknutscht haben soll. Harrys abwesende Freundin Chelsy Davy soll nicht sehr begeistert gewesen sein.

Was man nicht einmal von einer maulfertigen Person aus der Nachbarschaft als Erzählung über den Verlauf einer Grillparty bei Posselts schräg gegenüber eingeflüstert bekommen möchte: Hier wird's Ereignis; hier macht es als Nachricht die Runde, einmal um die ganze Welt, um zuletzt auch von den Redakteuren einer seriöseren deutschen Tageszeitung begrinst zu werden: Ein Enkelsohn der Queen hat auf einer Party getrunken, geturtelt, geknutscht und geblutet? Diesem Bürschchen werden wir helfen! Aber mit Humor: «Harry, 21, Prinz, wird zum Problemprinzen ...» Guter Anfang. Der Rest des moussierenden People-Gefrotzels hat sich dann wie von selbst ergossen.

Auch das ist ein lebendiges Vermächtnis des Verlegers Axel Cäsar Springer.

In einem Interview mit der *Süddeutschen Zeitung* verriet Günter Grass am 8. Juli 2006 einiges Wissenswerte über sein Verhalten als Stadionbesucher («Zum Beispiel habe ich die Nationalhymne mitgesungen») und sein sprachliches Feingespür («Dieses Mitmachen im Stadion ist ja auch ein Stück Ventil»), und er lobte den Trainer Jürgen Klinsmann dafür, daß er, «was wenige in diesem Sportgeschäft tun, sich der *Bild*-Zeitung verweigert hat».

SZ: Aber er hat sich auch kurz vor der Weltmeisterschaft mit Springer-Vorstand Mathias Döpfner und Chefredakteuren des Verlages in der Toskana getroffen. Dabei wurde eine Art Interimsfrieden geschlossen, der bis zum Ende der Weltmeisterschaft galt.

Grass: Das spricht für seine Klugheit. Ich habe kürzlich ebenfalls ein Gespräch mit Döpfner geführt. Er ist, nehme ich mal an, ein Mann, der etwas im Springer-Konzern ändern will. Aber selbst seine Macht kennt Grenzen, was die *Bild*-Zeitung betrifft.

Vernehmlicher als für Klinsmanns Klugheit sprach sein Burgfriedensschluß mit der *Bild*-Zeitung für Klinsmanns Erpreßbarkeit: Um bei der WM nicht als «Grinsi-Klinsi» angepflaumt zu werden, mußte er *Bild* mit Schnurrpfeifereien aus seinem Familienleben verhätscheln. Es spricht nicht für die Klugheit von Günter Grass, daß er Klinsmanns Kuschen als kluge Handlungsweise interpretiert hat. Gut beraten mag ein Pizzabäcker sein, der einen Monatsnettogewinn an die Mafia abführt, um in den restlichen elf Monaten Ruhe vor ihr zu haben. Ein gewisses Maß an Klugheit wäre auch einem Tankstellenwärter zu bescheinigen, der sich nicht wehrt, sondern widerstandslos die Abendkasse hergibt, wenn er die Pistole eines Räubers auf die Brust gesetzt bekommt. Aber was ist los mit dem politischen Verstand eines Literaturnobelpreisträgers, der es im vierzigsten Jahr seines Boykotts gegen die Springer-Presse als unabänderlich hinnimmt, daß der deutsche Bundestrainer sich das Wohlwollen der *Bild*-Zeitung mit dosierten Spezereien aus seiner Privatsphäre erkaufen muß? Wäre Klinsmann nicht klüger beraten gewesen, wenn er die Chefdelegation des Hauses Springer in der Toskana mit Kopfstößen, Blutgrätschen und Maulschellen begrüßt hätte? Was wäre wichtiger gewesen, aus der Perspektive des kulturkritischen Patrioten Grass – Ruhe im Puff und als Belohnung ein deutscher WM-Sieg oder offene Feindschaft zwischen «Grinsi-Klinsi» und einer Gurkentruppe, die ihre finanziellen Verhältnisse auf dem Rücken eines «Bikini-Mädchens» und dem dicken Bauch eines bußfertigen Bordellbesuchers geordnet hat?

Und was Mathias Döpfner im Springer-Konzern «ändern» will, sollte selbst einem sozialdemokratischen Zeitungsleser klar sein: Nach der Eroberung des polnischen Gossenpressemarktsegments möchte Döpfner die Grenzen der Konzernmacht westwärts weit über die Maginot-Linie hinaus an die Atlantikküste verschieben, um auch im Heimatland des berufszornigen Vorbilds von Kai Diekmann mit Piesel-Affären, turtelnden TV-Lesben und bunten Bildern von den Brustoperationsnarben orangenhäutiger Schlampen und Luder möglichst viel Geld zu verdienen. Denn das ist Döpfners Arbeitswelt; und sonst gar nichts. Doch Günter Grass, betört durch Döpfners Aufwartung in Wewelsfleth, nimmt, wie er sagt, «mal an», daß der oberste Befehlshaber des Imperiums im Grunde ein feiner Kerl sei, der insgeheim etwas zum besseren bewegen wolle, aber leider Gottes selbst als Verlagsboß nicht an der Macht der *Bild*-Zeitung rütteln könne.

Mit einem ähnlichen Rührstück ist 1980 Axel Springer an die Öffentlichkeit getreten. In der *Zeit* zitierte ihn der Journalist Ben Witter mit den Worten: «Ich leide wie ein Hund darunter, daß manches in meinen Blättern steht, womit ich überhaupt nicht einverstanden bin. Und wie oft leide ich, wenn ich morgens die *Bild*-Zeitung lese. In Hunderten von Briefen beschwor ich die Chefredaktion, alles zu unterlassen, was gegen die Würde des Menschen verstößt.» In Wallraffs «*Bild*-Handbuch» von 1981 kann man nachlesen, was daraufhin geschah: 140 *Bild*-Redakteure setzten ihren Namen unter ein Protestschreiben an Axel Springer («Heute war für uns der schlimmste Tag, seit wir bei *Bild* sind: Der Tag, an dem die *Zeit* Ihr Gespräch mit Ben Witter veröffentlichte»), und der Verleger mußte sich mit einem gewundenen Brief an Ben Witter aus der Bredouille schlängeln. In diesem Brief bedankte Springer sich für die «Sensibilität der Beobachtung und die Fairneß Ihrer Beurteilungen» und kam dann auf den Kasus Knacktus zu sprechen:

> In bester Absicht haben Sie, Herr Ben Witter, in eigene Worte gekleidet, was ich über das Unbehagen sagte, das ich schon oft und immer wegen mancher Veröffentlichungen in den Zeitungen meines Hauses empfunden habe. Das galt nicht nur der *Bild*-Zeitung. Von «Verstößen gegen die Würde des Menschen» war bei mir in diesem Zusammenhang nicht die Rede. Da müssen Sie mich mißverstanden haben. Es hat Entgleisungen gegeben, die ich nicht billige. Bei weitem überwiegt jedoch das erfolgreiche Bemühen um Wünsche, Hoffnungen, Ängste und Sorgen vieler Menschen, die in der *Bild*-Zeitung – jenseits jeder elitären und hochmütigen Form – ihren eigenen Alltag und seine Probleme wiedererkennen.

Und noch etwas:

Und noch etwas: In anderen Publikationen, besonders solchen der rabiaten Linken, finde ich Schlimmes, Schamloses und Gemeines. Danach kräht kein Hahn. Aber die Größe der *Bild*-Zeitung und das Gefallen, das sie bei vielen Millionen Lesern findet, konzentriert den Blick derer, die Anstoß nehmen, auf sie.

Es ist da sehr viel Ungerechtigkeit im Spiel, gegen die ich die Redaktion in Schutz nehmen muß. Es liegt mir sehr daran, das Ihrem Artikel hinzuzufügen.

Schluchz. Die Tränen könnten einem kommen, wenn sie nicht schon samt und sonders über die zarten Kinderwangen der Tochter eines ins Koma geprügelten Immigranten gekullert und von *Bild*-Reportern weggesoffen worden wären. Es ist so gemein, daß wir die Hände des wetterfühligen Verlegers Axel Springer nie wieder streicheln dürfen. Untröstlich über die ihm widerfahrene Ungerechtigkeit und all das Schlimme, Schamlose und Gemeine, was er durchlitten hat wie ein Hund, müssen wir trotzdem nicht sein, denn wir leben ja nun, heißassa, in einem laut *Bild*-Zeitung «obergeilen» Deutschland, dessen ausgelassene Eingeborene endlich alles Gestrige, Bodenlange und Verkrampfte abgelegt haben und sich nur noch selten, in stillen Minuten, bei einer Flasche Hacker-Pschorr, etwas bänglich fragen, ob die Hände des «Bikini-Mädchens» Michaela Z. den Unterleib des Volksschauspielers Ottfried «Otti» Fischer jemals wieder streicheln dürfen. Unter einer Bettdecke, die Kai Diekmann dem Pärchen beizeiten entreißen wird.

Und damit sind «wir Deutschen», mit Matthias Matussek zu sprechen, irgendwie doch alle «ein bißchen angekommen».

Bild, 10. Juli 2006: «Sie hat mitgefiebert, mitgelitten, mitgejubelt! Jetzt dankt Kanzlerin Angela Merkel in einem Brief an die Nation den gastfreundlichen Deutschen für den unvergeßlichen Fußball-Sommer: ‹Schwarz-Rot-Gold, wie es schöner nicht sein kann!› *Bild* druckt exklusiv das Dankes-Schreiben der Kanzlerin.» Es folgen hier, in losem Wechsel, einige Zitate aus Angela Merkels der Nation exklusiv in *Bild* übermitteltem «Dankes-Schreiben» und der am selben Tag in *Bild* veröffentlichten «Telefon-Service»-Rubrik:

Ordinäres Vollweib bereit zur mündl. Prüfung.

Liebe Mitbürgerinnen und Mitbürger, eine phantastische Fußball WM 2006 ist beendet.

Heisse Girls (18+) aus ganz Deutschland suchen Sex.

Deutschland ist unser Weltmeister der Herzen.

Resi (69) ist noch geil.

Wir haben mitgefiebert und mitgezittert, wir haben gejubelt und getröstet.

Einfach nur lauschen! Du musst nichts sagen!

Gemeinsam mit Menschen aus allen Kontinenten haben wir das Motto dieser WM verwirklicht: Die Welt war zu Gast bei Freunden.

Pur + ohne Vorspiel.

Heute ist der Tag des Dankes. Ich danke allen, die diesen Sommer 2006 zu einem unvergeßlichen Erlebnis gemacht haben.

Bumstelefon!

Und nicht zuletzt danke ich allen Bürgerinnen und Bürgern in Deutschland für ihre unglaubliche Begeisterung und ihre Gastfreundschaft. Sie sind wahre Botschafterinnen und Botschafter unseres Landes! Das ist die beste Werbung für unser Land!

HOSE RUNTER! BEI MIR BEKOMMST DU ES LIVE!

Schwarz-Rot-Gold – Einigkeit und Recht und Freiheit, das zeigt sich in diesen Tagen, wie es schöner nicht sein kann!

Devotes Luder will benutzt werden.

Liebe Mitbürgerinnen und Mitbürger, ich bin sicher:

ICH KOMME LAUT UND GEWALTIG.

Wir werden uns an schöne Stunden erinnern, an große Spiele und an Menschen aus der ganzen Welt, die wir als Freunde gewonnen haben.

PRIVATE ABENTEUER! BIZARRES ALTLUDER.

Möge die Stimmung, mit der wir uns als Deutsche der Welt präsentiert haben, weit über diesen Sommer hinausreichen!

1 Min. reicht! Hose auf ...

Mit herzlichen Grüßen, Ihre Angela Merkel

ORDINÄRE SCHLAMPE MACHT ALLES.

Demokratie ist, wenn die Bundeskanzlerin einen offenen Brief an die Nation, jenseits jeder elitären und hochmütigen Form, in einem Gülle-Rührwerk plakatiert. Patriotismus ist, wenn die Kanzlerin es für Deutschland tut. Und Christdemokratie ist, wenn eine christdemokratische Kanzlerin im selben Betrieb Gesicht zeigt wie eine Spielerfrau «ihre schönsten Fankurven»: «Was für eine Heckansicht: Alexandra, Ronaldinhos angebliche Geliebte, hat ihre Kehrseite fest im Griff».

So fest wie *Bild* den Papst, den Bischof Huber, den DFB, das pralle Leben («SCHWEINI ließ die Sau raus!»), den müden Tod («Killer-Bär zerfleischt Geschwister»), den Boulevard («Im Streit um Klopapier Mitbewohner erschlagen») und den Boulevard («Klo kaputt! Gunter Gabriel säuft ab») sowie den Boulevard («Nebenbuhler Penis abgeschnitten»),

Ulrich Wickerts bebendes Plastikstühlchen, Rachel Hunters knackig-apfeligen Allerwertesten und die Narbe an der Unterseite ihrer (operierten) Brüste und als Schmankerl Einigkeit und Recht und Freiheit und Regierung und Opposition.

Was für eine Heckansicht. Es wird Zeit, Deutschland umzubenennen. In Studio Noblesse.

Unter http://www.gerwin.de/content.php?id=73 kann man ein Gespräch nachlesen, in dem Kai Diekmann gefragt worden ist, wann sich bei ihm «eine innere Stimme» melde, und er hat geantwortet: «Die meldet sich sehr, sehr, sehr häufig. Das ist das ganz normale moralische Gerüst, mit dem jeder normale Mitmensch ausgerüstet ist, das man hier braucht, um anständig Zeitung machen zu können.»

Und: «Ich habe häufig Mitleid mit Menschen, die von jetzt auf sofort im Rampenlicht stehen – beispielsweise infolge von Unglücksfällen – und damit nicht umgehen können. Menschen, die nicht wissen, was es bedeutet, auf einmal im Rampenlicht zu stehen.»

So wie die infolge eines Unglücksfalls in einem Schweinestall verscharrte Jennifer (13), von der wir dank Kai Diekmann wissen, daß sie bis ans Lebensende «nur gekuschelt und geknutscht» hatte; denn er war ja so frei, die Intimsphäre des totgeschlagenen Kindes im Rampenlicht zu betasten und mit der Nachricht herauszuplatzen, daß die Mädchenleiche im Schweinestall jungfräulich sei.

In diesem Schweinestall befindet sich das ganz normale moralische Gerüst, das Kai Diekmann braucht, um anständig Zeitung machen zu können.

Das Sommerloch 2006 ließ Friede Springer von ihren Leuten fürs Grobe, Schmutzige, Barbusige und Blutige zunächst mit «tollen Fotos» aus *Bild*-Leserkreisen füllen: «Machen auch Sie mit! Haben Sie einen Bären im Wald gesehen? Hat ein Prominenter in Ihrer Gegenwart in der Nase gebohrt? Blitzte für Sekunden der Busen eines prominenten Stars unter der Bluse hervor? Wurden Sie Zeuge eines Großbrandes oder eines Unfalls? Dann machen sie ‹klick›.»

«Klick» gemacht hatte auch ein Pfiffikus, als die Prinzessin Diana 1997 nach einem Verkehrsunfall im Sterben lag. Den im Juli 2006 von italienischen Aasfressern ausgebuddelten Schnappschuss druckte *Bild* blitzartig nach und tirilierte: «DIANA – Wirbel um Todes-Foto – Was für ein Tabu-Bruch!» Und: «DAS LETZTE FOTO VON DIANA – England empört über Tabu-Bruch – Es ist ein Tabu-Bruch, wie es ihn so noch nie gegeben hat!»

Das war zwar nicht ganz richtig, denn mit dem Verlegen der Fotos von Sterbenden hatte die 2,2 Milliarden Dollar schwere Tabu-Brecherin Friede Springer sich hier beileibe nicht das erste Mal ein bißchen hinzuverdient, aber was soll's: «In England ist man», wie *Bild* verzückt berichtete, «empört. ‹Schande über euch›, wetterte die *Sun*. ‹Ich bin angeekelt und tieftraurig›, so Dianas Privatsekretär Patrick Jephson. Joan Berry, Sekretärin der Diana-Freunde: ‹Alle, die damit zu tun haben, sind Abschaum.›»

Wirklich neu an diesem «Tabu-Bruch» war der Umstand, daß der Abschaum seine Einschätzung als «Abschaum» nicht zurückwies, sondern als hochinteressante, die Skandalträchtigkeit des Tabu-Bruchs verschärfende Meinungsäußerung zitierte: «Dianas Söhne William (24) und Harry (21) erklärten, sie seien «‹tieftraurig über eine derartige Niveaulosigkeit›.»

Und da wußten sie noch gar nichts von den ferneren Recherchen. «William und Harry empört über immer neue Skandalberichte», meldete Bild am 17. Juli 2006. «Hatten Dodi und Di Sex im Todes-Auto?»

Unverbrüchlich schwieg hierzu der Bischof Huber; er behütete seine Zunge vor Bösem und seine Lippen, daß sie nicht Trug redeten. Die nackte Wahrheit brachten erst die *Bild*-Reporter Andreas Englisch und Peter Michalski an den Tag, unter Berufung auf einen «Skandal-Autor», wobei sie sich auf «schlüpfrige Andeutungen» beschränkten: Ein Augenzeuge habe «als erster die Tür des Unfall-Mercedes» geöffnet und «einen unfaßbaren Anblick» vorgefunden, und zwar in Gestalt des «nur zu gut» erkennbaren Geschlechtsteils des Geliebten der im Sterben liegenden Prinzessin. «Damit nicht genug: Der Skandal-Autor geht sogar so weit, aus der Aussage die Unfallursache abzuleiten. ‹Man kann sich vorstellen, daß Henri Paul das Verhalten von Dodi und Diana im Rückspiegel gesehen hat und daß er abgelenkt wurde, während er sehr schnell fuhr. So verlor er die Kontrolle über das Auto.›»

Man muß hier einen Schritt zurücktreten, um das gesamte Panorama der Müllkippe erfassen zu können: 1997 hatten die Prinzessin Diana und ihr Geliebter Dodi im Fond eines Autos gesessen, das nachts in Paris gegen einen Tunnelpfeiler gerast war. An den Unfallfolgen war das Liebespaar gestorben. Damals hieß es, die beiden hätten sich auf der Flucht vor Paparazzi befunden. Die brandneue Hypothese, daß eine sexuelle Stimulation des Geliebten durch die Prinzessin die Unfallursache gewesen sei, stellte *Bild* zwei Tage nach der Veröffentlichung eines Fotos «der sterbenden Diana» zur Diskussion, vergriff sich am Geschlechtsteil ihres Geliebten, streute schlüpfrige Andeutungen aus und stellte es im übrigen den Lesern anheim, sich ihre eigene Vorstellung vom «Sex im Todes-Auto» zu machen.

Daß es kein «Skandal» ist, wenn zwei Erwachsene privat sexuell miteinander verkehren, würde wohl nicht einmal Friede Springer abstreiten. Und wenn die Beteiligten sterben, ist auch das nicht skandalös, sondern bedauerlich. Skandalös an dem «Skandalbericht» war nicht der «Skandal», sondern der Bericht: Aus zwei aufgekochten Leichen eine Schlagzeile mit «Sex» herauszusaugen und eine weitere aus der Empörung der Hinterbliebenen – wer einen solchen Akt der Barbarei übers Herz gebracht hat, der ist auch Manns genug, einen der empörten Hinterbliebenen zwei Tage später beim Wasserlassen anzurempeln. Unter der Überschrift «Hier wird Prinz Harry zu Prinz Pipi II.» berichtete der Londoner *Bild*-Korrespondent Michael Gärtner am 19. Juli 2006:

Auch Prinzen haben kleine, menschliche Bedürfnisse ...

Wenig königlich war der Auftritt von Prinz Harry (21) vor dem Endspiel des «Guards Polo Club» in Windsor. Den Prinzen, bereits in Sportmontur gekleidet, drückte die royale Blase. Das Problem: kein Klo, nirgendwo! Was also macht der Sproß, wenn er mal muß? Harry pinkelte in einer Pferdebox in die Ecke.

Haben Prinzen eigentlich generell schwache Blasen?

Es gab doch da mal einen Fall bei der EXPO ... Jetzt Harrys Auftritt in Windsor – Prinz Pipi II.!

Nach Beendigung des Geschäfts drehte sich Harry weg, schützte so seine «Kronjuwelen» vor neugierigen Blicken.

Spaßig waren auch die Kommentare zu den zwei von *Bild* erworbenen beweiskräftigen Fotos aus der Pferdebox: «Henry Charles Albert David Prinz von Großbritannien und Nordirland – genannt ‹Harry› – stellt eine königliche Stange Wasser weg», lautete der eine, und der andere: «So, fertig, die

Kronjuwelen wieder eingesperrt: Harry hat sein Geschäft beendet».

Friede Springers ging noch etwas weiter. Neben dem Artikel über die «royale Blase» prangten zwei weitere obszöne Fotos, mit der Legende: «Harrys Freundin Chelsy (20) fand seine Pipi-Aktion zum, äh, Popo-Kratzen ...»

Wir merken uns: Lady Diana hat eventuell «Sex im Todes-Auto» gehabt, ihr Sohn hat in eine Pferdebox gepißt, seine Freundin hat sich am Hintern gekratzt, und aus alledem hat Friede Springer Kapital geschlagen.

Kurz vor Erscheinen der ersten Auflage dieses Buchs gelang es Natascha Kampusch, ihrem Entführer zu entkommen, der sie als Halbwüchsige in seine Gewalt gebracht und fast achteinhalb Jahre lang gefangengehalten hatte. Der Polizei, deren Aufgabe es gewesen wäre, die Eltern zu informieren, kamen Journalisten zuvor, die bei ihnen anriefen, um die Sensation zu verkünden und die erste Stellungnahme zu protokollieren. Und prompt wollte alle Welt wissen, ob sich der Kidnapper an seinem Opfer sexuell vergangen habe. Weil er sich umgebracht hatte, konnte nur Natascha Kampusch etwas dazu sagen, und so wurde sie infolge ihrer Flucht aus dem Kellerverlies eines Psychopathen von einem Tag auf den anderen zum meistgejagten Lustobjekt der Pressemeute.

Was in den Jahren der Gefangenschaft zwischen Natascha Kampusch und dem Entführer vorgefallen war, ging außer ihr selbst und den ermittelnden Kriminalpsychologen vielleicht noch die engsten Verwandten etwas an, den Rest der Menschheit aber einen Dreck, aus dem die österreichische *Neue Kronen Zeitung* aus dem Stegreif das Schlagwort «Sexfolter» formte, und auch das englische Skandalblatt *Sun* verbürgte sich dafür, daß Natascha Kampusch von ihrem Entführer als «Sex-Sklavin» gehalten und geschwängert worden sei.

«Bisher gibt es keine aktuellen Bilder von Natascha», meldete die *Süddeutsche Zeitung* am 28. August 2006. «Im Hintergrund tobt ein wilder Kampf um das erste Interview mit dem Opfer. Insbesondere zwei österreichische Medien versuchen das erste große Exklusivgespräch abdrucken zu können: die *Neue Kronen Zeitung*, das größte Boulevardblatt des Landes, sowie die neue Tageszeitung *Österreich*, die am 1. September erstmals erscheinen wird.» Am gleichen Tag bat Natascha Kampusch die Medienvertreter in einem offenen Brief, der bei einer Pressekonferenz verlesen wurde, um Nachsicht: «Alle wollen immer intime Fragen stellen, die gehen niemanden etwas an. Vielleicht erzähle ich das einmal einer Therapeutin oder dann jemandem, wenn ich das Bedürfnis habe, oder aber auch vielleicht niemals. Die Intimität gehört mir alleine.»

Dachte Natascha Kampusch. In einem Rechtsstaat wäre das eine Selbstverständlichkeit gewesen, doch es erwies sich als Illusion. Der Sender N24 gewann den Vater der Entführten für einen Auftritt in Arabella Kiesbauers Talkshow, wo dieser schlichte, im Umgang mit TV-Profis ungeschulte Mann verkündete, seine Tochter sei «in den achteinhalb Jahren irgendwie mit dem Täter zusammengewachsen, geistig und seelisch». Vor der ersten kurzen Wiederbegegnung mit Natascha Kampusch hatte ihr Vater von einer Zeitungsredaktion eine Kamera und den lukrativen Auftrag erhalten, Schnappschüsse von seiner Tochter aufzunehmen, was die Polizei gottlob zu verhindern wusste.

Doch sie schirmte Natascha Kampusch in der entbrannten Schlacht um intime Details nur unzulänglich ab. Am 31. August 2006 veröffentlichte das österreichische Magazin *News* in einem «Protokoll des Grauens» alle möglichen Antworten, die Natascha Kampusch unter Ausschluß der Öffentlichkeit auf die intimsten Fragen der Kriminalpolizei gegeben haben soll («Er war keine Sexbestie. Wir haben eine zärtliche Beziehung geführt»). *Bild* druckte gern alles nach («Die ganze Wahrheit – So war es wirklich im Horror-Keller») und servierte als Zugabe die schärfsten Ergebnisse der Spurensicherung im Schlafzimmer des Täters: «Hier steht das Buchenholzbett des Entführers. Spuren am Laken belegen, daß Natascha es mit ihm teilen mußte» – sowie nun auch mit einigen Millionen

Connaisseuren der Schicksale eines Entführungsopfers, das die Jahre seiner Pubertät zuvor nur in der Gesellschaft des Entführers hatte verbringen müssen. Den Fachmann mag das alles nicht erstaunen, aber als Laie wundert man sich dann doch darüber, daß nicht noch am selben Tag polizeiliche Rollkommandos die presserechtlich verantwortlichen Plaudertaschen dingfest gemacht und sie in Handschellen dem Haftrichter vorgeführt haben.

Der *Stern* wiederum ventilierte die Frage: «Wie hat Priklopil auf die erste Monatsblutung seines ‹Geschöpfs› reagiert, darauf, dass sie zu einer jungen Frau heranwuchs?» So einfühlsam reagierte ihrerseits die vierte Gewalt auf Natascha Kampuschs freundlich vorgetragene Bitte, die Grenzen ihrer Intimsphäre zu respektieren.

Unterdessen hatte Natascha Kampuschs «Medienberater» Dietmar Ecker angekündigt, daß sie demnächst dem öffentlich-rechtlichen Fernsehsender ORF ein Interview geben werde. Über die gespenstische Tatsache, dass eine ihrem Entführer entlaufene Frau einen Public-Relations-Manager engagieren mußte, um sich zudringlicher Medienmenschenmassen zu erwehren, ist die abendländische Kulturkritik so wortkarg hinweggegangen, als ob hier nur abermals das allgemein Übliche vorgefallen wäre. Laut Ecker lagen bis Anfang September dreihundert Interview-Anfragen vor, «aus aller Welt, aus Japan, Neuseeland, den USA, Rußland und England».

Vom Treiben der Sensationsjournalisten berichtete die *Süddeutsche Zeitung* am 5. September: «Etliche haben in ihrem Drang, den geheimen Aufenthaltsort von Natascha Kampusch zu finden, sogar in Campingbussen vor Eckers Büro geschlafen.» Auch hier stellt sich dem Laien die Frage, weshalb diese Bagage nicht in Untersuchungshaft genommen worden ist. Wo der Hammer hängt, können die Rechtsstaaten der westlichen Welt jedem Obdachlosen zeigen, der sich um Mitternacht auf einer Parkbank mit einer Zeitung zudecken möchte, aber wenn ein Rudel von Journalisten nachts ein Büro belagert, um eine Fährte aufzunehmen, die zu näheren Auskünften über die Umstände der ersten Monatsblutung eines Verbrechensopfers führen soll, ist die Polizeistreife machtlos, weil ihre obersten Dienstherren mit den Auftraggebern der Belagerer tief unter einer Decke stecken und die jeweiligen Regierungschefs noch tiefer. Ganz zu schweigen vom Heiligen Vater in Rom.

In einem Gespräch mit der *taz* erläuterte Dietmar Ecker, weshalb er Natascha Kampusch empfohlen habe, mit der Gossenpresse zu kooperieren: «Bevor ich zum Beraterteam stieß, hätte ich gesagt, ich würde es lieber mit den ‹A-Medien› machen. Mit meinem Wissen von heute würde ich sagen, es war sehr richtig, dass wir es so gemacht haben. Hätten wir sie abgeschottet, dann hätte das die gegenteilige Wirkung gehabt. Sie wäre die Paparazzi nicht mehr losgeworden.» Der Medienberater Ecker hatte also vor der Macht der B-Medien kapituliert und Natascha Kampusch zu einem pragmatischen Kurs geraten. Seine Mandantin mag er damit gut beraten haben. Mit der Kapitulation des kundigen Medienberaters Ecker ging aber auch die unausgesprochene Bankrotterklärung des Rechtsstaats Österreich einher, der kläglich versagte, als es seine Pflicht war, eine durch Freiheitsberaubung unfreiwillig in den Prominenten-Status katapultierte Bürgerin nach ihrer Flucht aus der Gefangenschaft vor den Erpressungsmanövern der internationalen Gossenmedien zu schützen.

«Es gab gute Gründe», berichtete der *Spiegel*, «dass Natascha Kampusch ihr Gesicht im Fernsehen zeigte. ‹Alle wollten sie sehen, und sie wollten auch ihr Gesicht, die Paparazzi hätten sie sonst gejagt wie Lady Di.› Die ersten heimlich aufgenommenen Handy-Fotos kursierten schon und wurden in Wien für 14 000 Euro angeboten. Es sei nicht mehr aufzuhalten gewesen, sagt Ecker.» Und er sagte noch mehr: «Jetzt gehen die ersten Angebote für Buch- und Filmrechte ein. ‹Hollywood ist noch nicht dabei, aber wir bewegen uns dorthin›, sagt Ecker und schüttelt den müden Kopf. ‹Rein kapitalistisch gesehen ist diese Frau eine Goldgrube, aber so etwas darf man ja gar nicht laut sagen.›»

In dem weltweit von 170 Sendern ausgestrahlten ORF-Interview bewahrte Natascha Kampusch ihr Schweigen über die intimen Dinge, die sie zur journalistischen Goldgrube gemacht hatten. Um so dankbarer waren die Medien für die Redseligkeit aller möglichen Psychologen. Johann Zapotoczky von der Grazer Universitätsklinik für Kinder- und Jugendpsychiatrie monierte, Natascha Kampusch habe «Weinen mit Lachen» überspielt und «dort, wo es wirklich wichtig war, mit Augen und Händen deutliche Abwehrbewegungen gemacht». Wichtiger, würdiger und gescheiter als diese Analyse eines Fachmanns wäre es gewesen, wenn er selbst ein paar deutliche Abwehrbewegungen gemacht hätte, als er von der Presse um ein aufschlußreiches Gutachten über Mimik und Gestik einer menschlichen Goldgrube bei ihrem Verhör vor einer Milliarde Zuschauern ersucht worden war.

«Sie kann's noch nicht fließen lassen», stellte für RTL ein gewisser Günter Hübner als «Experte für Körpersprache» fest, von dem man seither weiß, daß er es besser fließen lassen kann als Natascha Kampusch. In der *taz* zitierte Bettina Gaus den Polizeipsychologen Adolf Gallwitz («Natürlich muss man damit rechnen, dass sie in einigen Wochen oder Monaten einen Zusammenbruch bekommt»), die in *SternTV* aufgetretene Jugendpsychiaterin Isabella Heuser («Es wird noch dicke kommen») und den Jugendpsychologen Dr. Wolfgang Bergmann, der in RTL die Vermutung geäußert hatte, daß «Frau und Kind» in Natascha Kampusch «noch zusammenkommen» müßten.

Das hatte Dr. Wolfgang Bergmann ihr voraus: In ihm waren Knabe und Mann bereits perfekt zusammengekommen, als er die Disharmonie in Natascha Kampuschs Psyche vor einem Millionenpublikum zur Sprache brachte. Mit diesem Auftritt ging für Dr. Wolfgang Bergmann der Knabentraum in Erfüllung, auch einmal so schlaubergerisch daherzureden wie prominentere Studiogäste bei der Bewertung sportlicher Spitzenleistungen. Auf den Gedanken, daß sie selbst dem Objekt der Analyse mit ihrem küchenpsychologischen Geschnatter auf allen Kanälen bleibende Schäden zufügen könnten, scheinen all diese Experten des menschlichen Seelenlebens nicht gekommen zu sein.

Bettina Gaus hat auf das Dilemma hingewiesen, vor dem die Medienkritiker in diesem Kriminalfall stünden, «weil nun jede publizistische Auseinandersetzung mit der medialen Verletzung der Persönlichkeitsrechte von Natascha Kampusch der Geschichte dieser Verletzung ein weiteres Kapitel hinzufügt. Das gilt auch für diesen Artikel.» Mehr noch aber gilt es für die *Bild*-Zeitung, die ihrer Kundschaft die Frage vorlegte: «Natascha – Wird sie je einen Mann richtig lieben können?» Die einzige Frau auf Erden, der die *Bild*-Zeitung zweifellos niemals mit einer so schamlosen Frage zuleibe rücken würde, ist die Verlegerin der *Bild*-Zeitung, Friede Springer, eine auch in höchsten Regierungskreisen geschätzte Dame, die ihren Wohlstand und ihr Ansehen nicht zuletzt der Schamlosigkeit ihrer Angestellten verdankt.

Es gehört zu den Erfolgsgeheimnissen der *Bild*-Zeitung, daß sie schneller von einem Tatort zum nächsten eilt als alle ihre Kritiker. Die Spurensicherung im Kriminalfall Kampusch/Priklopil hatte gerade erst begonnen, als *Bild* zu einem anderen Kriegsschauplatz aufgebrochen war, um sich dort abermals selbst zu überbieten: «Totenschändung in Afghanistan». Soldaten der Bundeswehr hatten dort Schädel und andere Gebeine aus einem Massengrab geklaubt und damit posiert, für obszöne Aufnahmen, die *Bild* einer staunenden Weltöffentlichkeit präsentierte: «Entsetzen, Ekel und Empörung über die Schockfotos von Bundeswehrsoldaten in Afghanistan!» Die Möglichkeit, daß die Veröffentlichung dieser Fotos Rächer auf den Plan rufen und Menschenleben kosten könne, hatte die Redaktion in Kauf genommen: «Unterdessen wächst die Sorge, dass das unwürdige Verhalten der deutschen Soldaten in Afghanistan einen Aufruhr in der islamischen Welt auslösen könnte: Nach *Bild*-Informationen erklärte Außenminister Frank Walter Steinmeier, daß das Außenministerium bereits erhöhte Wachsamkeit in moslemischen Ländern angeordnet habe ...»

In derselben *Bild*-Nummer äußerte sich der Altbundeskanzler Gerhard Schröder «begeistert» über die «Porträts, die *Bild*-Leser von ihm gemalt hatten»: «Riesenauflauf in der Axel-Springer-Passage. DAS Ereignis in der Hauptstadt! Punkt 11 Uhr: Blitzlichtgewitter wie zu Kanzlertagen. Schröder betritt das gläserne Foyer, *Bild*-Chefredakteur Kai Diekmann begrüßt ihn. Dutzende Kameras drängeln sich.» Auf Seite 2 teilte der *Bild*-Kolumnist Franz Josef Wagner der Nation mit, daß er sich «als Deutscher» schäme: «Wenn wir ganz ehrlich sind, dann spüren wir die Angst – die Angst und die Verzweiflung. Ich würde unsere Soldaten vom Hindukusch abziehen, weil sie Menschen bleiben sollen. Und keine Tiere.»

Wagners Wunsch, daß unsere Soldaten keine Tiere bleiben sollten, hätte vielleicht in Erfüllung gehen können, wenn es Tiere gäbe, die auflagensteigernde Spiele mit den Knochen ihrer Artgenossen treiben. Auf Seite 14 zeigte *Bild* eine Großaufnahme der verstümmelten Zehen des Bergsteigers Reinhold Messner, und am Abend berichtete der Entertainer Harald Schmidt in seiner Fernsehshow, unter Anspielung auf die Beinamputation der zweiten Ehefrau eines Ex-Beatles, daß Paul McCartney den Anblick dieser verkrüppelten Füße sexuell erregend finden müßte. Weder der Papst noch der evangelische Bischof Wolfgang Huber regten sich darüber auf. Es war Alltag in Deutschland, mit *Bild* als Leitmedium, das vorne einen internationalen Skandal ausrief, sich weiter hinten mit einen gefügigen Elder Statesman verbrüderte und nach Redaktionsschluß die Zoten genoß, die Harald Schmidts Gag-Lieferanten beim Blättern in der *Bild*-Zeitung eingefallen waren.

In dieser Stunde der Not appellierten die von *Bild* aufgescheuchten Politiker an das Verantwortungsbewußtsein der Staatsbürger in Uniform. Die Soldaten müßten «sich klar machen», daß «solche Vorgänge die Sicherheitslage von ihnen selbst und ihren Kameraden empfindlich beeinträchtigen», erklärte der christdemokratische Krisenmanager Eckart von Klaeden, ohne seine eigene Sicherheitslage durch eine Kritik am Sensationsrummel der *Bild*-Zeitung zu gefährden, und der Verteidigungsminister Franz Josef Jung gab bekannt, daß das Verhalten der Schandtäter in Afghanistan «im Gegensatz zu allem» stehe, «was wir unseren Soldaten an Werten und Verhaltensweisen in Ausbildung und Erziehung mitgeben». Unter den Werten, die der Minister seinen Soldaten mitgegeben hatte, fehlte jedoch offensichtlich der persönliche Mannesmut vor dem Thronstuhl der Verlegerin Friede Springer. Daß es menschenmöglich wäre, ohne Kotau vor der *Bild*-Zeitung durchs Leben zu gehen, hatten weder Jung noch sein Parteifreund von Klaeden den Soldaten als Verhaltensweise vorgelebt.

Unterdessen wurden dem Fernsehsender RTL weitere schockierende Fotos «aus Bundeswehrkreisen zugespielt», und die zuständigen Redakteure beeilten sich, die skandalträchtigen Bilder über die gesamte Erdkugel zu verbreiten. Die *Bild*-Zeitung wiederum verhalf der «bald in die Koje» wollenden Titelmieze «Kyla» am 27. Oktober 2006 zu einem Auftritt auf der ersten Seite: «An meinen Körper lass ich ran bestimmt nur einen Steuermann. Ich zeig ihm in den Kojen dann, was ich mit meinen Bojen kann.»

Es sei «richtig und wichtig», schrieb der Kommentator Matthias Koch am gleichen Tag in der *Hannoverschen Allgemeinen Zeitung*, daß «die Fotos ans Licht kommen. Die vom Einzelverkauf auf der Straße abhängige *Bild*-Zeitung setzte ihre Schädel-Fotos aber nicht nur am Mittwoch, sondern gleich auch noch am Donnerstag auf die Titelseite. Und RTL ließ bereits vorab alle Welt wissen, dass der Sender im Besitz weiterer Schädel-Fotos sei. Wer die Fotos auf reißerische Weise einsetzt, um Auflagen oder Einschaltquoten zu erhöhen, darf nicht im nächsten Atemzug beklagen, wie abscheulich dies alles sei – und welche Gefahren dies alles heraufbeschwören könnte.» Das war eine sympathisch berührende, aber leider weltfremde Einschätzung der aktuellen Nachrichtenlage und ihrer Verwerter. Die Entscheidung darüber, was sie mit den Fotos anstellen dürften, fällten die Redakteure von RTL und *Bild* aus eigenem Recht.

Ums Geld ging es in diesen Tagen auch dem schon erwähnten Staatsmann Gerhard Schröder, der seine Memoiren *Bild* zum Vorabdruck verkauft und Kai Diekmann das Buch mit den Worten überreicht hatte: «Das erste Exemplar – extra für Sie!» Einige altgediente Sozialdemokraten fanden das verwunderlich. «Gleich zwei Journalisten», meldete *Bild* am 27. Oktober, «wollten von Schröder wissen, warum er dem Vorabdruck in *Bild* zugestimmt habe, obwohl er dieser Zeitung im Wahlkampf Einseitigkeit vorgeworfen hatte. Der gab sich ganz staatsmännisch: Er sei nicht nachtragend. Auch helfe der Vorabdruck bei *Bild* vielleicht mit, ‹ein wirklich wichtiges Buch bekannt zu machen›.» Und die *Zeit* zitierte den *BamS*-Chef Claus Strunz mit den Worten: «Wenn man sich das Verhältnis zwischen Gerhard Schröder und Kai Diekmann anschaut, muss man sagen: *The winner is* Kai Diekmann.» Wer auch sonst?

Im Anschluß an sein Tête-à-tête mit Schröder kehrte Diekmann zur Rezension der neuesten Totentänze am Hindukusch zurück. «Immer mehr Schock-Fotos», meldete *Bild* am 28. Oktober. «Tatort Afghanistan: Aus zusammengesammelten Knochen haben deutsche Soldaten ein Skelett in den Sand drapiert, ein Fallschirmjäger zielt mit seiner Pistole auf den Totenkopf». Und ein paar Zentimeter darunter zog die Titelmieze vom Tage – «Nikky hat 'ne knappe Bluse» – den Busen blank. Und der Papst drückte wieder einmal ein Auge zu, um den schwunghaften Handel mit *Bild*-Bibeln nicht zu gefährden.

Anders als die glaubensstarken Christen Kai Diekmann, Friede Springer und Mathias Döpfner hat sich der italienische, als «König der Paparazzi» berüchtigte Journalist und Erpresser Fabrizio Corona erfrischend unverblümt zu seinem Metier bekannt. Coronas Selbsteinschätzung ist der Nachwelt am 16. März 2007 von der *Süddeutschen Zeitung* überliefert worden: «Ja, ich ruiniere Leben. Ich bin ein Stück Scheiße und habe nicht einmal mehr Schuldgefühle.»

Im April 2007 verkündeten Greenpeace, der World Wildlife Fund und der Bund für Umwelt- und Naturschutz Deutschland, daß sie sich auf eine Allianz mit der *Bild*-Zeitung eingelassen und gemeinsam mit deren Chefredaktion die Kampagne «Rettet unsere Erde» ausgeheckt hätten. Hier biete sich die Chance, «zwölf Millionen Menschen zu erreichen, die wir sonst nicht erreichen», sagte Brigitte Behrens, die Geschäftsführerin der deutschen Greenpeace-Sektion, während *Bild* hinter Frau Behrens' Rücken die Nachforschungen über Oliver Kahns Seitensprünge intensivierte. Vor der Aussicht, daß die Erde nur durch Kungelei mit *Bild* zu retten wäre, gewann das Klimakatastrophenszenario anheimelnde Züge.

Als sich dann auch noch Alice Schwarzer auf Werbeflächen als Pin-up-Girl für die *Bild*-Zeitung hergab, würdigte die Feministin Caroline Fetscher diese öffentliche Bankrotterklärung der einstigen Ikone der Frauenemanzipation im *Tagesspiegel* als mutigen «Schritt über den Rubikon», und der Regierende Bürgermeister von Berlin outete sich exklusiv in *Bild* als kußtechnisch erfahrener Kuschelrockfan, um seine von *Bild* vorabgedruckten Memoiren unters Volk zu bringen und sich bundesweit als Hoffnungsträger der SPD zu profilieren. So fanden endlich alle glücklich zueinander – die Naturschützer, die Frauenrechtlerin und der schwule Sozialdemokrat, unter den Fittichen der *Bild*-Zeitung, die ihren Lesern damit etwas Abwechslung bieten konnte inmitten des sonstigen Schlagzeilenlärms über urinierende Adlige und geschändete Vorschulkinder.

Erinnert sich noch jemand an Khaled El Masri? Er war, wie man lesen konnte, in US-amerikanischer Gefangenschaft gefoltert worden und löste mit seinen Aussagen, als er sich wieder auf freiem Fuß befand, einen politischen Skandal aus, der weite Kreise zog. Nachdem El Masri sich einer Brandstiftung schuldig gemacht hatte, überantwortete ein deutsches Gericht ihn der psychiatrischen Behandlung. Daraufhin veröffentlichte *Bild* ein Foto des Mannes und setzte die Worte hinzu: «Müssen wir uns von so einem terrorisieren lassen?»

In der *Frankfurter Allgemeinen Sonntagszeitung* ging Nils Minkmar auf diesen Vorfall ein: «Im Text wird aus dem Folteropfer ein Täter gemacht, der die Öffentlichkeit ‹terrorisiert›. Die von El Masri begangene Brandstiftung wird nicht, wie etwa vom zuständigen Richter, als Ausdruck einer psychischen Störung gedeutet, sondern dazu benutzt, El Masris Leidensgeschichte in Zweifel zu ziehen: Das Wort Folteropfer stellt das Blatt in Anführungszeichen, als wüsste es mehr als all die mit dem Fall befassten Experten. Wer so aussieht und heißt wie der Mann, kann kein richtiger Deutscher sein, denn das bestimmt offenbar die *Bild*-Zeitung und nicht der deutsche Staat. Es ist publizistisches Eintreten auf einen, der am Boden liegt.»

Diese «Entgleisung», schrieb Minkmar, sei «selbst für *Bild*-Standards beachtlich». Doch es war keine Entgleisung, sondern der Normalfall einer gängigen Wiederholungstat. Die *Bild*-Redaktion gebietet über einen reichen Erfahrungsschatz, was das publizistische Eintreten auf Menschen betrifft, die am Boden liegen. «Mädchen (18) nach Disco vergewaltigt: Lebensgefahr!», meldete *Bild* im Juni 1982 und veröffentlichte den vollen Namen und ein Foto jenes Mädchens, das nach dem Verbrechen bewußtlos in die Intensivstation eines Essener Krankenhauses eingeliefert worden war. Um die Phantasie der Leser zu beflügeln, malten die *Bild*-Reporter Ludger Hinder und Jürgen Schmidt ihnen den Tatort aus: «Das hübsche Mädchen mit dem blonden Haar lag hinterm Gebüsch auf dem Kinderspielplatz: Bewußtlos, mit schweren Kopf- und Halsverletzungen, Wunden am Körper. Sie war fast nackt – trug nur noch ein weißgraues T-Shirt. Die Polizei: Sie wurde brutal vergewaltigt.»

Schuldbewußtsein, Scham oder Angst vor Strafe hatten den Täter dazu veranlaßt, sich davonzustehlen, bevor die Pornographen der *Bild*-Zeitung zur Sicherung der Spuren seines Sexualverbrechens ausflogen und das «hübsche Mädchen» ohne jede Scham «fast nackt» zur weiteren Behandlung in die Gosse beförderten. Die beiden Reporter, der Axel-Springer-Verlag und der Chef der nordrhein-westfälischen Regionalredaktion der *Bild*-Zeitung, Günter Quandt, handelten sich damit eine einstweilige Verfügung des Amtsgerichts Essen ein: Sollten Sie abermals mehr als den Anfangsbuchstaben des Nachnamens sowie das Foto der vergewaltigten Frau veröffentlichen, drohe ihnen ein Ordnungsgeld bis zur Höhe von 500 000 DM oder ersatzweise Ordnungshaft.

In diesen Worten ließ der Rechtsstaat einmal seine Muskeln spielen, leider ohne durchschlagenden Erfolg, und die *Bild*-Zeitung wandte sich anderen hübschen Mädchen und im 21. Jahrhundert auch dem Stellvertreter Gottes auf Erden zu. Im Sommer 2007 kündigte der im Umgang mit höchsten Würdenträgern geübte *Bild*-Chef Kai Diekmann das Erscheinen einer ledergebundenen «Papst-Bibel» an – «mit persönlichen Texten von Papst Benedikt XVI.» –, und er verkürzte und versüßte allen Gläubigen die Wartezeit, indem er sich den Fragen des Evangelischen Pressedienst stellte: «Verstehen Sie *Bild* als eine christliche Zeitung?» Diekmann: «Wir sind keine Kirchenzeitung. Wir sind nicht der *Dom* oder der *Rheinische Merkur*. Aber wir sind selbstverständlich eine Zeitung, die sich christlichen Werten verpflichtet fühlt.»

Wie zum Beispiel der Christenpflicht, Natascha Kampusch aufzulauern, sie beim privaten Austausch von Umarmungen und Küssen zu fotografieren und daraus einen Aufmacher zu basteln. Das hatte man schon gewußt, aber Diekmann setzte noch einen drauf: «Es gibt Dinge, die gehören sich einfach nicht. Trotz des Einflusses der Achtundsechziger, denen ja kaum etwas heilig war.» Jedenfalls nicht die *Bild*-Redaktion, die ihrerseits so fromm ist, daß sie laut aufjault, wenn es einem ihrer Reporter gelungen ist, einem Spitzenfunktionär der CSU einen Seitensprung nachzuweisen.

«Was ist *Bild* heilig?», fragte der Evangelische Pressedienst, und Diekmann erwiderte: «Die religiösen Gefühle unserer Leser. Die Mehrheit unserer Leser ist christlich geprägt, fast 80 Prozent. Beim Zeitungmachen müssen wir deren Gefühle berücksichtigen. Auch auf die Intimsphäre eines Menschen nehmen wir Rücksicht, solange er sich damit nicht selbst in die Öffentlichkeit begeben hat. Wir machen unsere Berichterstattung davon abhängig, inwieweit jemand sein Privatleben offen zur Schau trägt. Das hat jeder selbst in der Hand.» Es sei denn, es handelt sich um ein dreizehnjähriges Mädchen, das erschlagen und von seinem Mörder in einem Schweinestall verscharrt worden ist. Hier hätte der Evangelische Pressedienst nachhaken können, doch er hatte eine wichtigere Frage auf dem Herzen: «Wann kommt die Luther-Bibel von *Bild*? 2017 werden 500 Jahre Reformation gefeiert.» Diekmann: «Das notiere ich sofort.»

Der Tag wird kommen.

1968 befaßte sich der Publizist Hans Dieter Müller mit der Frage, wer in der Bundesrepublik außer den Studenten in Opposition zur *Bild*-Zeitung stehe. «Scharf ablehnend mit Marktfolgen», schrieb er, würden sich «zwei große gesellschaftliche Gruppen» verhalten, «die sich mit den Tröstungen und Retouchen der *Bild*-Ideologie aus tieferem Grunde nicht abfinden wollen: die katholische Kirche und die Gewerkschaften.» Und er verwies auf «die Inhibierung des Blattes durch Kanzelreden und indirekten moralischen Druck katholischer Pfarrer, die der *Bild*-Vertrieb vor einigen Jahren in mindestens 120 Orten schmerzlich feststellte». Damals hätten sich «*Bild*-arme und katholische Gegenden» nahezu gedeckt (Hans Dieter Müller: *Der Springer-Konzern. Eine kritische Studie,* München 1968, S. 111 f.)

Lang ist's her. Während *Bild* mit immer unverschämteren Ferkeleien hervortrat, ließ der moralische Druck von christlicher Seite seit 1968 merklich nach. Im Juli 2007 wurde Kai Diekmann von dem evangelischen Magazin *Chrismon* dazu eingeladen, den Lesern seine enge geistige Verwandtschaft mit Martin Luther zu erläutern. Luther, sagte Diekmann, habe gefordert, «dem Volk ‹aufs Maul zu sehen›, bildhaft zu sein, nicht am Wortlaut zu kleben und den einfachen Ausdruck dem gesuchten vorzuziehen». Die Parallelen «zwischen Luthers Forderungen und der Sprache von *Bild*» seien «so offensichtlich», daß «selbst das blindeste Huhn nicht umhin könnte, den Schnabel auf dieses Korn zu setzen».

Und daher nahm sich Diekmann auch die Freiheit heraus, seinen Schnabel am 17. Juli 2007 auf Seite 1 der *Bild*-Zeitung abermals in der intimsten Sphäre einer jungen Frau zu versenken, die ihn nicht darum gebeten hatte. Ein Fotograf hatte Natascha Kampusch beim Tanz mit einem Unbekannten geknipst, und *Bild* meldete: «NATASCHA KAMPUSCH – Nach 8 Jahren im Keller-Verlies – Erste Liebe!» Und auf Seite 9: «Nach 8 Jahren Geiselhaft hat sie jetzt richtig ins Leben zurückgefunden – Natascha Kampusch – Zärtliche Küsse in der Disco». Ja, Natascha Kampusch hatte in einer Wiener Discothek mit einem vorläufig noch anonymen jungen Mann getanzt und sich von ihm küssen lassen, und die Öffentlichkeit durfte dieses Glück nun mitgenießen, in Wort und *Bild*: «Natascha tanzt ausgelassen, wirft die Arme hoch, schmiegt sich an einen jungen, gutaussehenden Mann.»

Über die drängende Frage, wie es sexuell und amourös im Dasein der Natascha Kampusch weitergehen werde, äußerte sich in *Bild* der feinfühlige Kinder- und Jugendpsychologe Dr. Christian Lüdke per Ferndiagnose dahingehend, daß Frau Kampusch «dieses Verliebtsein völlig anders als jedes andere 19-jährige Mädchen» erlebe: «Sie konnte sich nie mit Gleichaltrigen austauschen, mit ihnen über Küssen oder erste sexuelle Erfahrungen sprechen. Natascha Kampusch hatte so nie die Möglichkeit, ihre eigene Sexualität zu entwickeln. Sie ist geprägt durch die Erfahrungen, die sie in der Gefangenschaft gemacht hat. Egal, ob sie küsst, streichelt, oder mit ihrem Freund intim wird – immer wird sie ihren Entführer vor Augen haben. Diese Bilder werden sie ein Leben lang begleiten.»

Unter diesen Umständen war es beruhigend zu wissen, daß sich ein professioneller Psychologe mit der *Bild*-Redaktion über Natascha Kampuschs Gefühle beim Küssen und bei den ersten sexuellen Erfahrungen ausgetauscht hatte, statt sich mit ihr beim Tanzen ertappen zu lassen. Der Psychologe Dr. Christian Lüdke hatte das Objekt seiner in *Bild* ausgebreiteten Untersuchungsergebnisse persönlich gar nicht in

Augenschein genommen, sondern sich bei seiner unsittlichen Annäherung an Frau Kampuschs Intimleben auf Medienberichte gestützt.

Am 16. September 2007 gab *Bild* bekannt: «Natascha kehrt zurück ins Leben!» Und damit auch auf Seite 1 der *Bild*-Zeitung: «NATASCHA – Neues Glück im Arm ihrer Mama». Gleich rechts neben der Nachricht: «Brave ZDF-Moderatorin – Heiße SEX-Fantasien». Der Bericht über das neue Glück begann mit den Worten: «Sie macht die ersten Schritte in ein neues Leben – und sie ist nicht allein!» Denn *Bild* war stets dabei. Und nicht nur *Bild*. Am 21. September klärte der *Stern* die Menschheit darüber auf, daß Natascha Kampusch als Kind ins Bett genäßt habe, und am 29. September reichte die *Süddeutsche Zeitung* unter der Überschrift «Nataschas Vater prügelt sich mit Fernsehteam» noch manches Wissenswerte nach: «Der Vater von Natascha Kampusch ist in Wien mit einem spanischen TV-Kameramann zusammengestoßen. Das TV-Team hatte ihn und seine Tochter verfolgt. Kampuschs Vater, Ludwig Koch, hatte sich in der Innenstadt mit seiner Tochter getroffen. Sie wurden von dem TV-Team erkannt, das sich an ihre Fersen heftete. Bei der Auseinandersetzung wurden Koch und der Spanier leicht verletzt. Während der Prügelei konnte sich Natascha, die ihrem Entführer nach achtjähriger Gefangenschaft entkommen war, den Verfolgern entziehen. Ihr Vater und der spanische Journalist wurden von der Polizei angezeigt.» Ebenso ruppig wie ihrem Vater waren die Journalisten Natascha Kampusch selbst auf den Leib gerückt. «Man wollte sie eigenem Zeugnis nach sogar erpressen: ein Interview, und die Fotos würden verschwinden» (*Süddeutsche Zeitung*, 22. August 2007).

Der Papst verfaßte währenddessen seine persönlichen Texte für Kai Diekmanns «Benedikt-Bibel». Was mögen das für Leute sein, die diesen schmählich unter der Last von Springers Titelmiezenbrüsten eingeknickten Kritiker der

Spaßgesellschaft noch ernst nehmen? Als Pausenclown der *Bild*-Zeitung hat Benedikt XVI. sich selbst den Status einer Lachnummer zugewiesen. Mit aller immer noch bestehenden Macht seines Amtes hätte er Friede Springer als Verlegerin dreister Schnappschüsse vom Flirt zweier Privatpersonen anprangern können, doch er zog es vor, die Affäre stillschweigend zu übergehen und dem Verlagshaus sogar noch als Autor gefällig zu sein. Es wäre sehr nett von Benedikt XVI., wenn er sich nach diesem Offenbarungseid aus allen künftigen Debatten über Werte und Ethik heraushalten könnte. Ein Papst, der geschäftlich mit der *Bild*-Zeitung kooperiert, sollte sich darüber hinaus keine allzu großen Strapazen mehr zumuten. Angemessen wäre seinem Geist vielleicht das in aller Stille und Demut vorgenommene Lösen von Kreuzworträtseln oder wahlweise das Bemalen von Ostereiern.

An die Überlebensdevise, daß es Selbstmord sei, sich mit *Bild* zu verfeinden, halten sich bis heute nicht nur die allermeisten deutschen Politiker, von dem kleinsten und gemeinsten Stadtrat an der kommunalen Basis bis hinauf zum Kapitän, der im Schloß Bellevue mit Kai Diekmann schnäbelt, sondern auch Industriemanager, Bankiers, Gewerkschaftsbosse, Intendanten, Party-Könige, Musikproduzenten, Modemacher, Sportverbands- und Kirchenfunktionäre, devot in den Hörer stöhnende Bückstücke und Krethi und Plethi und alle Herausgeber und Kulturchefs, die ihre Nebengeschäfte in einer Bruchbude erledigen, in der auch Telefonflittchen ihre Frischlings-Power tanken und Puff-Journalisten Orgasmus-Lügen bestöhnen.

In Kai Diekmanns «Gold-Bibel» steht etwas von einem Tier, das hatte sieben Häupter und zehn Hörner und auf seinen Hörnern zehn Kronen und auf seinen Häuptern Namen der Lästerung. Und der Drache gab ihm seine Kraft und seinen Stuhl und große Macht. Und der ganze Erdboden verwunderte sich des Tieres, und sie beteten den Drachen an, der dem Tier die Macht gab, und beteten das Tier an und sprachen: Wer ist dem Tier gleich, und wer kann mit ihm kriegen? Und es ward ihm gegeben ein Mund, zu reden große Dinge und Lästerungen: «Kniete sie vor ihm nieder und befriedigte ihn?» Und: «Pinkelte Paris Hilton ins Taxi?» Und es tat seinen Mund auf zur Lästerung gegen Gott, zu lästern seinen Namen und seine Hütte und die im Himmel wohnen. Und ihm ward gegeben zu streiten mit den Heiligen und sie zu überwinden; und ihm ward gegeben Macht über alle

Geschlechter und Sprachen und Ekel-Eltern und versaute Türkinnen.

In der Offenbarung des Johannes währte die Macht dieses Tieres nur zweiundvierzig Monate lang, woraus erhellt, daß auch visionär begabte Christenmenschen sich irren können. Als die *Bild*-Zeitung aus Anlaß ihres 50. Geburtstags eine Party gab, feierten viele ihrer einstigen Intimfeinde mit. Nur Raimund Harmstorf soll, durch einen Todesfall in der Familie, wie es heißt, verhindert gewesen sein.

Günter Wallraff, der Mann, der bei *Bild* Hans Esser war, hat sich vor dreißig Jahren von der Arbeiterklasse den Sieg über das siebenköpfige Tier erhofft, aber der einzige, der diesem Tier danach noch Dresche angedroht und Kinnhaken verpaßt hat, ist ein von *Bild* als «Prinz Pipi» verhöhnter Adliger. Proletariat und Bürgertum haben sich der Macht des Tieres gebeugt und sich auf den faulen Kompromiß verständigt, daß jeder Widerstand zwecklos, altmodisch und uncool sei. Und daß man dann eben auch mitpfeifen könne, als kleines Stück Ventil im großen Lalula.

1979, nach dem Unfalltod seines Bruders Ernst Wilhelm, hat der Fotograf und Kunstsammler Gunter Sachs einen Offenen Brief an Axel Springer gerichtet und in der *Süddeutschen Zeitung* veröffentlicht:

Sehr geehrter Herr Springer

daß Sie nicht für jede Zeile Ihrer Blätter verantwortlich zu machen sind, weiß ich. Andererseits ist bekannt, daß Sie zumindest die Richtlinien Ihrer Zeitungen und Zeitschriften bestimmen.

Über den Tod meines Bruder berichtete Ihr *Bild*:

– «Der Tote im Schnee ist an seinem Reichtum erstickt.»

– «Sein Leben und Sterben war wirklich nur eine Frage des Kontos.»

– «Er war kleiner als Gunter, hatte nicht dessen große

Nase, dessen behaarte Brust und was sonst noch an ihm groß sein soll.»

Herr Springer, wir sind uns selten begegnet; ich möchte Sie nie mehr wiedersehen.

Gunter Sachs

Denn so, liebe Mitbürgerinnen und Mitbürger, geht es nämlich auch. «Polizist schießt Randalierer in den Hintern», wieherte *Bild* am 17. März 2006. Das soll nicht in Vergessenheit geraten; aber länger im Gedächtnis der Menschheit haften bleiben werden die Worte «Herr Springer, wir sind uns selten begegnet; ich möchte Sie nie mehr wiedersehen». Ein solideres Dokument des Bürgersinns werden uns die von *Bild* rekrutierten Leichtmatrosen nicht hinterlassen.

Springers Flaggschiff ist so gut in Schuß wie die ganze Flotte. «Mit seinen mehr als 150 Zeitungen und Zeitschriften in 32 Ländern, seinen breit gefächerten Aktivitäten im Internet und seinen mehr als 10000 Mitarbeitern ist Axel Springer Europas kreativster und erfolgreichster Zeitungsverlag und gehört auch international zu den führenden Medienunternehmen», prahlte der Konzern in einer Anzeige, mit der er junge Leute für den «Traumberuf Journalist» zu ködern und ihnen die Bewerbung um einen Platz an der «Journalistenschule Axel Springer» nahezulegen versuchte: «Wenn Sie eine Leidenschaft für Sprache haben, wenn Sie Geschichten-Entdecker sind und darauf brennen, etwas zu bewegen, dann bewerben Sie sich bis spätestens 15. August 2006.»

«Drei Tote! Familie trinkt Todescocktail»: Das muß die Leidenschaft für Sprache sein.

«Penis zu kurz! Schüler springt vom Hochhaus»: Das ist eine der entdeckten Geschichten.

«Kniete sie vor ihm nieder und befriedigte ihn?» Dahinter steckt der brennende Wunsch, etwas zu bewegen.

Wer Ohren hat zu hören, der höre.

Hat jemand Ohren, der höre auch, was eine der Hexen in «Macbeth» ausruft: «Kann ich nicht sein Schiff zerschmettern, / Sei es doch umstürmt von Wettern.»

Ernst ist das Leben, August die Kunst
Hermann L. Gremliza

Ein Prinz hat es nicht leicht. In dreißig-, vierzig- oder gar fünfzigster Degeneration leidet er unter der eingeschränkten Wahrnehmung der Wirklichkeit und dem schlechten Geschmack, die den deutschen Adel in aller Welt so beliebt gemacht haben. Unvergessen Gregor von Rezzoris Schilderung jener adligen Versammlung, bei der ein Teilnehmer einen Ober mit den Worten «Setz' dich doch endlich nieder, du Arschloch» an den Frackschößen gezerrt hatte, weil er der Meinung war, der Mann sei einer der Ihren.

Adlige haben es freilich doppelt schwer, denn der Beliebtheit, die ihre klangvollen Titel draußen genießen und die ihnen jede Tür ins Dienstleistungsgewerbe öffnet – kein Exporteur von Kartonagen auf der schwäbischen Alb, der für den südamerikanischen Markt sich nicht wenigstens einen Baron von Zitzewitz, besser einen Grafen zu Salm-Malm-Qualm hielte –, gesellt sich im Innern des Landes jene Mischung aus Neid und Unterwürfigkeit, die den, dem sie gelten, weder klüger noch sympathischer zu machen pflegen. Und als Draufgabe ist da noch eine linke Intelligenz, die sich für ihre Kapitulation vor der Bourgeoisie mit Spott und Haß auf jene schadlos zu halten versucht, in deren aufwendigen Namen die Ewigkeit der Klassengesellschaft geradezu plakatiert erscheint. Hölderlin-Preisträger kann der erste beste von ihnen werden, königliche Hoheit nicht.

Noch blöder führt sich der deutsche Kleinbürger auf, und

ganz besonders jener, der es zu einem öffentlichen Amt gebracht hat. Ein solches, ja der Idealfall eines solchen, ist eine Stelle in der Redaktion von «Bild», der «größten Zeitung der westlichen Welt», wo Kanzler und Präsidenten, Boxweltmeister und Literaturpäpste, First Ladys und Feministinnen, Stoiber und Gysi aus und ein gehen. Und wo man gibt, auf daß gegeben werde.

> Ganz ohne Schirm, aber mit viel Charme ... Eine wahrhaft königliche Begrüßung: Galant küßt Prinz Ernst August von Hannover der Expo-Chefin Birgit Breuel (62) die Hand.

Den Speichel so sauber geleckt – war da ein kleiner Beweis von hochdero Gunst wirklich zuviel verlangt? Es scheint so, denn tags darauf, am 17. Juni, mußte das unbestechliche Blatt «das Protokoll eines unglaublichen Auftritts» melden:

> Wann lernt dieser Mann endlich Anstand? Seine Königliche Hoheit Prinz Ernst August von Hannover – jetzt ist er auch noch Hauptfigur in einem peinlichen Pinkel-Skandal. Öffentliches Urinieren auf der Expo, Zielobjekt: die Wand des türkischen Pavillons. Um 11 Uhr morgens. Von Besuchern fotografiert. Seine Königliche Hoheit – fürwahr ein feiner Pinkel.

Was war geschehen? Ein Mann hatte getan, was Männer, sogar Redakteure, mitunter tun. Es ist nicht sehr vornehm, aber üblich. Umstände, die ein «öffentliches Interesse» und damit die Berichterstattung über eine private Angelegenheit hätten «berechtigt» erscheinen lassen, lagen nicht vor. Die «Bild»-Zeitung mußte sie erfinden. Den Zufall, daß unweit der Stelle, an welcher der Prinz sich erleichtert hatte, getrennt durch einen Wassergraben, der in der Fotoperspektive nicht zu erkennen war, der türkische Pavillon stand, erklärte die

Redaktion zur fremdenfeindlichen Absicht: «Zielobjekt». Ein paar Zeugen, die nichts wissen und zu allem ihre Meinung aufsagen, findet das Blatt immer. «Bild am Sonntag» einen Tag später, unter der Überschrift «Wie lange hält Caroline diesen Kerl noch aus?»:

Der türkischstämmige Bundestagsabgeordnete der Bündnis-Grünen, Cem Özdemir, forderte von Ernst August, sich beim türkischen Volk für seinen Urin-Anschlag zu entschuldigen und «öffentlich zu bereuen». Außerdem empfahl er, eine «großzügige Spende an die türkischen Erdbebenopfer». Die auflagenstärkste türkische Tageszeitung «Hürriyet» überschrieb das Pinkel-Foto mit der Schlagzeile «Häßlicher Prinz». Der Sprecher des türkischen Pavillons kann sich das gar nicht erklären: «Ein Ehrenmann würde doch so etwas nicht tun. Es gibt doch genug öffentliche Toiletten auf dem Expo-Gelände.»

Ein anderer, ein SPD-Abgeordneter oder ein TV-Entertainer, hätte sich entschuldigt, die Redaktion um Gnade gebeten, Herrn Özdemir zum Italiener eingeladen, und alles wäre so gut gewesen wie an jedem Tag, den der Herr diese Zeitung erscheinen läßt. Was aber mußten die Leser zwei Tage später in «Bild» lesen?

«Bild» zeigt Ernst August an – In mehreren Anrufen bedrohte und beleidigte er gestern die Leiterin der «Bild»-Redaktion Hannover in solch unflätiger, ekelhafter und obszöner Weise, daß sich die «Bild»-Chefredaktion gezwungen sah, Strafanzeige gegen den Welfenprinzen zu stellen. Die Protokolle seiner obszönen Anrufe:

Prinz Ernst August pöbelt gleich unflätig los. Redaktionsleiterin Berger erkennt seine Stimme. Sie ist geschockt über seine Ausdrucksweise.

Berger: Reden Sie mit allen Menschen so, Königliche Hoheit?

Der Prinz: Nein, nur mit Arschlöchern wie Journalisten. Sie kennen mich ja. Sie wissen, was Ihre Scheißzeitung macht. Und wenn Sie Ihre Zeitung verkaufen müssen, dann machen Sie das nicht auf meine Kosten ... Schneiden Sie mit. Schreiben Sie morgen in der Zeitung: Der Prinz von Hannover ist wütend, weil die «Bild»-Zeitung wieder mal Scheiße macht. Ja? Scheiße.

Berger: Wir berichten über Ereignisse, wir machen ja keine Ereignisse.

Der Prinz: Es gab keine Ereignisse. Wenn Sie sagen, ... ich würde einen Rassenhaß kreieren in Deutschland wegen Türken und Deutschen, ja? Wissen Sie, was Sie kriegen? Keep your A... together, Sie werden seitlich gef... Sie kriegen so einen in Ihren Sack, den haben Sie nicht, in Ihre F..., okay. Gute Nacht.

Berger: Ich wußte gar nicht, daß man so spricht in den königlichen Kreisen. Haben Sie aufgelegt?

Der Prinz: Sie mit Ihrem fetten A... Ich sage noch mal ganz in Ruhe, V..., das können Sie schreiben, wissen Sie, was das ist, das ist neben dem Ar...

Ein feiner Prinz, feiner noch die Redaktionsleiterin, deren Gehalt sich aus den Zuhälter-Anzeigen im hinteren Teil des Blattes («Neu. Dickes versiertes Luder. Mach mit mir, was du willst») speist bzw. aus den Groschen der Leser, die der täglichen Vorlage auf Seite 1 bedürfen, und die nun der sittliche Abscheu erfaßt, wenn einer beim Namen nennt, was in ihrer Zeitung ein paar Seiten weiter «feucht, heiß und glattrasiert» angeboten wird. Die Aufklärung, die der Leser dem Prinzen verdankt, ist jedoch nicht hauptsächlich eine in sexueller, sondern in sozialer Moral: Man erfährt, was man nicht für möglich gehalten hat: daß ein Redakteur der «Bild»-Zeitung trotz seines schweren Berufs eine Ehre besitzt, die verletzt werden kann. Und geheilt werden muß – erstens durch ein Gericht und zweitens durch den Einbruch in eine Krankenakte:

Prinz Ernst August in Klinik – Wie krank ist Prinz Ernst August von Hannover (46) wirklich? Erst der Pinkelskandal und der Zusammenbruch während Monacos Nationentag auf der Expo, dann der obszöne Telefon-Terror in der «Bild»-Redaktion von Hannover – bis gestern hüllte sich das Welfenhaus in Schweigen. Kein Kommentar zum Gesundheitszustand oder dem Aufenthaltsort des Prinzen. Bild erfuhr jedoch: Er ist in einer teuren Privatklinik.

Der Gegner ist also krank, weil er aber die Unverschämtheit besitzt, den Arzt mit den Blutwerten nicht in die Redaktion zu schicken, veranstaltet diese zur Strafe «eine Bild-Prinz-Ernst-August-Umfrage aus gegebenem Anlaß»:

Hallo, Adel: Spricht man in Ihren Kreisen wirklich so? Alexander Prinz zu Schleswig-Holstein: «Um Gottes willen!» Bild-Kolumnist Mainhardt Graf Nayhauß: «Adel verpflichtet.» SPD-Bundesvorstandsmitglied Reinhold (Graf?) Robbe: «Unglaublich!» Der FDP-Abgeordnete Detlef (Edler von und zu?) Parr: «Der Prinz hat eine ganze Nation auf übelste Weise beleidigt. Bundespräsident Rau sollte ...»

Die Würde des Menschen – der «Bild»-Kampfhund scheißt drauf:

Ein Pinkelfoto kommt selten allein ... Nach dem prinzlichen Pipi-Eklat auf der Expo kramen die internationalen Foto-Agenturen in ihren Archiven. Diese beiden Aufnahmen stammen vom 20. Juli 1999. Prinz Ernst August erleichtert sich im Hof des Landeskrankenhauses Vöcklabruck (Oberösterreich), während seine linke Hand das Handy bedient. Stress eines werdenden Vaters. In diesen Stunden kommt seine Tochter Alexandra zur Welt. «Bild» meint: In dieser Situation haben schon viele Männer eine schwache Blase gehabt …

Man weiß nicht, wovon einem übler wird: von der Pissrinnenrecherche, die von anderer Leute Notdurft lebt, oder von der Volte in den Mitleidston, der den Prinzen mit jenen «Bild»-Lesern gemein macht, denen auf der Titelseite die Arzneimittelwerbung gegen Inkontinenz gewidmet ist. Dem Appell der Tröpfler folgt der Aufmarsch der Blockwarte:

Neue Augenzeugen belasten Prinz Ernst August – Zwei eidesstattliche Erklärungen liegen «Bild» bereits vor. In seiner eidesstattlichen Erklärung beschreibt einer der neuen Augenzeugen detailliert: «Ungefähr gegen 11.15 Uhr sah ich auf der Höhe des türkischen Pavillons einen Auto-Konvoi, bestehend aus mehreren Limousinen, die von der Polizei begleitet wurden. Eins dieser Autos – in ihm saßen Prinzessin Caroline sowie Ernst August von Hannover (beide sind mir aus der Presse bekannt) – fuhr links ran. Die dahinter fahrenden Fahrzeuge mußten anhalten. Der Prinz stieg aus. Ihm folgte ein Begleiter. Sie liefen 20–30 Meter in eine Seitenstraße hinein. Dann sah ich, wie der Prinz an die Hauswand des türkischen Pavillons urinierte. Mein Freund und ich waren sehr irritiert über diesen Vorgang. Wir haben auch noch mit einer anderen Dame gesprochen, die den Vorgang beobachtet hat. Auch sie hat nur mit dem Kopf geschüttelt. Nachdem der Prinz sein Geschäft erledigt hatte …

begann die «Bild«-Zeitung ihres. Es scheint sich zu lohnen, denn sie hört nicht mehr auf:

Pöbel-Attacke aus der Klinik – Die Ayurveda-Klinik in Traben-Trabach. Ein Ort der Ruhe, der Entspannung und inneren Einkehr. Ausgerechnet von hier startete der Prinz seine zweite, obszöne Pöbel-Attacke gegen «Bild»-Redaktionsleiterin Anne-Kathrin Berger. Auszüge des Protokolls:

Prinz: Ich habe nicht gegen den Pavillon der Türken gepißt. Okay? Und jetzt mache ich eine Klage gegen Sie weltweit.

Berger: Verehrter Prinz Ernst August ...

Prinz: Alte F..., schreiben Sie auf:

Berger: Fangen Sie schon wieder so an?

Prinz: Nein, wissen Sie, was Sie sind? Sie sind ein Stück Dreck ... Sie haben nicht geschrieben F... in der Zeitung, ja? Schreibt man mit F, nicht mit V, ja?

Berger: Sehen Sie mal, da sehen Sie, daß ich nicht mal Ihre Worte kenne.

Prinz: Sie kriegen einen auf den Sack. Das gibt's gar nicht. Ich höre Sie gar nicht mehr an, Sie Stück Sch...

Der Prinz wird erneut auf unsäglichem Niveau beleidigend. Berger legt auf.

«Bild» befragt eine «Benimm-Expertin», die den Prinzen «einfach degoutant» findet, was die Redaktion den Bildungshungrigen unter ihren Masturbanten in ihre Muttersprache übersetzt: «(ekelhaft, abstoßend, d. Red.)». «Bild» animiert einen Büroleiter der Stadt Hannover, dem Prinzen einen Strafbefehl «fürs öffentliche Urinieren am (!) türkischen Pavillon» zu schicken («Amtsleiter Volker Schwermann: ‹Wir prüfen das. Im Sinne der Gleichbehandlung.›»).

Wer nun, weil er nicht alle Hoffnung auf die Zivilisation selbst der Deutschen fahren lassen mag, erwartet hatte, daß die seriöse Konkurrenz den Exzeß rügen würde, durfte erfahren, daß das Zuhälterblatt Komplizen auch «in den höheren Kreisen» hat:

Prinz von Anhalt: Wenn nichts hilft, laßt Ernst August entmündigen – In einem Interview mit der angesehenen «Zeit» sagt der Chef des Hauses Anhalt-Askanien über Ernst August: «Es ist schmerzlich, wie dieser Mann den Adel in Mißkredit bringt … Ich kann mir nicht vorstellen, daß ein gesunder Mensch solche Fäkalausdrücke benutzt.»

Es gibt noch Richter und ein Pressegesetz? Wer sich aber in die Gefahr begibt, Gebrauch davon zu machen, kommt darin um: «Post von Prinz Pipi» heißt der Titel, unter dem die Redaktion meldet, Ernst August habe von «Bild» eine «sogenannte Unterlassungserklärung» verlangt:

Danach soll «Bild» nicht mehr behaupten, der Prinz habe *an* oder *gegen* den türkischen Pavillon uriniert. «Bild» hat diese Erklärung nicht abgegeben. «Bild» wird sich auf die von dem Prinzen nunmehr geführte Diskussion, ob er die Wand des Pavillons getroffen hat oder nicht, nicht einlassen. *Wichtig* ist allein, daß der Prinz *zugegeben* hat, am türkischen Pavillon *uriniert zu haben.*

Weil «allein wichtig» ist, daß der Prinz zugegeben hat, *am* (also: *nahe beim*) türkischen Pavillon uriniert zu haben, wird «Bild» sich nicht von der Behauptung jenes Gegenteils abhalten lassen, das die Redaktion zwecks Unterstellung eines rassistischen Motivs erst herbeigelogen hat. Weil sonst nichts mehr half und Blätter wie «Neue Revue» («Prinz Pipi I.»), der «Stern» oder der «Spiegel» («Ist der Ruf erst uriniert») die Kampagne der Kollegen von Springer dankbar übernahmen, um den freien Fall ihrer Auflage ein wenig zu bremsen, kaufte der Prinz eine Seite in der «Frankfurter Allgemeinen» für diesen Text:

Sehr verehrte Freunde

Ich bin erschüttert, aber nicht erstaunt über die falsche und manipulative Berichterstattung der Springerpresse und hoffe, daß kein anderer Mensch auf dieser Welt einer solchen Intrige je ausgesetzt sein wird.

Daß es tausendmal geschah und täglich geschieht, muß der Prinz nicht wissen – die eingeschränkte Wahrnehmung der Wirklichkeit bestimmt den Alltag des Prinzen wie die Lüge den der «Bild»-Zeitung. Immerhin kann er auch einmal anders.

Hiermit erkläre ich ausdrücklich, daß ich mich zwar während meines Besuches auf der Expo 2000 in Hannover erleichtert habe, aber weder gegen die Wand des türkischen Pavillons noch auf den Grund und Boden des türkischen Staates.

Journalisten der Bildzeitung haben prominente türkische Persönlichkeiten zu diesem Sachverhalt gefragt, ohne sie darüber aufzuklären, daß dieser nicht der Wahrheit entspricht. Die Empörung der Befragten ist mir durchaus verständlich, da die oben erwähnte Presse sie zweifelsohne dazu benutzte einen grotesken journalistischen Coup zu landen, dem sie letztendlich zum Opfer fielen.

Die Springerpresse hat es absichtlich versäumt, die honorigen Befragten darüber aufzuklären, daß es sich hierbei um eine manipulierte Sensationsberichterstattung handelte. Diese soll augenscheinlich dem Zweck dienen, einerseits die Auflage des Blattes zu steigern, andererseits aber auch von der für mich latent vorhandenen Ausländerfeindlichkeit ihrer Publikation abzulenken.

Herr Özdemir wäre, hätte man ihm prophezeit, daß «Bild», die Schutzheilige des Türken-Pavillons, zwei Wochen später einen schwarzen Boxer balkendick «Der Klammer-Affe» nennen würde, aus allen Wolken gefallen.

Meine ganze Hochachtung gilt der türkischen Kultur und Ihrer Nation.

Meine Verachtung hingegen der Bildzeitung und der gesamten Springerpresse.

Ihr

Ernst August

Prinz von Hannover

Abgesehen von einigen orthographischen Schwächen und den erwähnten Grenzen der Wahrnehmung, die einem Mitglied des Hochadels nachzusehen sind, gefällt der Brief durch seinen naiven, unverstellten Blick auf das Gewerbe. Ernst August hat in jedem Satz recht. Und was immer er in jenem Leben sein mag, das nur seine Familie angeht (und natürlich die «Bild«-Redaktion, aber sonst kein Schwein), noch hat der Prinz von Hannover niemanden beschimpft, beleidigt oder verprügelt, dem ich es hätte missgönnen müssen.